Prefácio

Reinventar-se não é um processo simples. É um mergulho profundo dentro de si mesmo, um confronto com medos, dores e inseguranças, e, ao mesmo tempo, um despertar para novas possibilidades. Este livro nasceu dessa jornada – um percurso que me levou a transformar desafios em aprendizado, quedas em crescimento e, acima de tudo, dores em oportunidades de recomeço.

Ao longo da vida, todos enfrentamos momentos em que parece não haver saída. Há períodos de incerteza, tempestades que testam nossa fé e circunstâncias que nos fazem duvidar da nossa própria capacidade. No entanto, é justamente nesses momentos que a vida nos convida a nos reinventarmos, a nos redescobrirmos e a nos tornarmos versões mais fortes e autênticas de nós mesmos.

Aqui, compartilho não apenas reflexões e aprendizados, mas um caminho. Um caminho para aqueles que desejam sair do piloto automático, romper ciclos limitantes e assumir o protagonismo de suas histórias. Minha intenção não é apenas contar a minha experiência, mas estender a mão a quem, assim como eu, já sentiu o peso da vida, mas deseja se reerguer com mais força e propósito.

Se você chegou até estas páginas, acredito que não foi por acaso. Talvez este livro seja o empurrão que faltava, a resposta que você buscava ou simplesmente um lembrete de que a transformação está ao seu alcance. Que cada palavra aqui escrita possa iluminar sua trajetória e despertar em você a coragem de ser quem realmente nasceu para ser.

Seja bem-vindo à sua própria reinvenção.

Introdução: A Jornada Pela Dor e a Descoberta da Luz

A vida, em sua essência mais pura, é um ciclo de encontros e despedidas. Ela nos presenteia com momentos de alegria inigualável, mas também nos desafia com perdas que parecem insuportáveis. Se você está lendo estas palavras, talvez já tenha sentido o peso avassalador do luto ou esteja buscando compreender melhor essa experiência tão humana. Este livro nasceu exatamente desse lugar — uma mistura de dor profunda e esperança renovada.

Eu escrevi esta obra em primeira pessoa porque queria que fosse autêntica, honesta e visceral. Aqui, compartilho minha própria história de perda, sofrimento e, acima de tudo, transformação. Minhas palavras são ecoadas por exemplos reais de outras pessoas que, assim como eu, enfrentaram o turbilhão de emoções que acompanham o luto. Tristeza, solidão, culpa, raiva e ansiedade são apenas algumas das faces dessa montanha-russa emocional que muitos de nós conhecemos bem demais.

Mas este não é apenas um livro sobre dor; é um convite para a cura. Ao longo destas páginas, exploramos estratégias práticas e reflexões profundas para lidar com a ausência daqueles que amamos. Cada capítulo foi pensado para oferecer conforto, inspiração e ferramentas que podem ajudar você a reconstruir sua vida sem perder de vista as memórias preciosas que carrega no coração.

Meu objetivo aqui é simples: estender a mão para quem está perdido na escuridão e lembrá-lo de que, mesmo nos momentos mais sombrios, há luz ao alcance. A jornada do luto não tem atalhos, nem fórmulas mágicas. Ela exige coragem, paciência e, principalmente, autocompaixão. E, embora cada pessoa viva esse processo de maneira única, há algo que todos nós compartilhamos: o desejo de encontrar significado após a tempestade.

Se você chegou até aqui, provavelmente está buscando respostas, apoio ou simplesmente um espaço onde possa se sentir compreendido. Espero que este livro seja isso e muito mais para você. Que minhas palavras possam ser um abraço silencioso, uma bússola gentil que aponta o caminho de volta para si mesmo. Porque, no final das contas, o luto não é sobre esquecer — é sobre aprender a viver com a saudade de forma saudável, honrando tanto o amor que permanece quanto a capacidade de seguir em frente.

Então, respire fundo e permita-se entrar nesta jornada. Você não está sozinho. Juntos, vamos atravessar a dor e descobrir que, mesmo depois da maior tempestade, o céu pode voltar a brilhar.

A vida e suas surpresas

A vida muitas vezes nos prega peças, tenho certeza de que voce ja deve ter ouvido essa frase, ela é muito conhecida, muito falada. Tambem já deve ter ouvido a seguinte frase: A vida é uma caixinha de surpresas. Essa é outra frase muito dita por aí. Todos nós ja ouvimos alguma vez uma dessas frases, já lemos isso em postagens e já nos deparamos com elas em muitos outros lugares. Você já disse algumas dessas frases em algum momento da sua vida? Alguma situação que aconteceu que fez você parar e ver que a vida lhe pregou uma peça ou até mesmo te fez enxergar que surpresas, ou seja, situações adversas ao que cremos podem acontecer.

Tem outra frase que é bastante comum ouvirmos: "Quando temos todas as respostas, Deus muda as perguntas".

Vejo em todas essas frases profundas verdades sobre nossa existência, sobre nossos planos e sobre nossa vida de forma geral.

Se você já passou por alguma situação que mexeu com você sabe bem o que estou dizendo, mas se você ainda não passou, prepare-se, é impossível passar por esta vida sem se deparar em algum momento com alguma situação adversa.

O psicológico humano é profundamente influenciado por eventos e situações que podem abalar sua estabilidade emocional. Vou citar algumas situações que podem mexer com a mente e o equilíbrio emocional das pessoas

1. Perda de um Ente Querido

A morte de alguém próximo pode causar uma grande dor emocional, desencadeando sentimentos de luto, tristeza profunda e, em alguns casos, depressão.

O Impacto Emocional da Perda de um Ente Querido

A perda de um ente querido é um dos eventos mais dolorosos e transformadores que um ser humano pode vivenciar. O luto pode desencadear uma série de reações emocionais intensas, variando de pessoa para pessoa, mas sempre deixando marcas profundas.

Esse impacto emocional pode se manifestar de diversas formas, incluindo tristeza profunda, ansiedade, culpa, raiva, isolamento e até sintomas físicos como insônia, fadiga e falta de apetite. Dependendo da relação com a pessoa falecida e das circunstâncias da perda, a dor pode ser ainda mais intensa, podendo levar a quadros depressivos e crises existenciais.

Como a Perda Impacta as Emoções

Tristeza e Desamparo

A pessoa enlutada sente um vazio profundo, uma sensação de que perdeu uma parte essencial de si mesma. A tristeza pode ser tão intensa que torna difícil realizar atividades diárias.

A morte de alguém que amamos cria um vácuo emocional que pode ser avassalador. O luto não é apenas um evento, mas um processo psicológico intenso e individual, onde a pessoa enlutada sente um vazio profundo, como se uma parte essencial de sua existência tivesse sido arrancada. Esse sentimento de tristeza intensa e desamparo pode afetar profundamente sua capacidade de lidar com a vida cotidiana, tornando até mesmo as atividades mais simples extremamente difíceis de realizar.

Quando alguém querido parte, muitas vezes a sensação imediata é de vazio absoluto. A pessoa sente que perdeu um pedaço de si mesma, pois a relação com o falecido fazia parte da sua identidade e rotina.

Por exemplo, uma mãe que perde um filho pode sentir que sua razão de viver desapareceu. Seu dia era preenchido pelo cuidado e amor que dedicava ao filho, e de repente, essa rotina desaparece, deixando um enorme buraco emocional.

Outro exemplo: um viúvo que passou décadas ao lado da esposa pode sentir que perdeu não apenas uma companheira, mas também seu propósito diário. O café da manhã, as conversas antes de dormir, os planos para o futuro – tudo isso se dissolve, e ele se vê perdido, sem saber como continuar.

Frase de reflexão:

"O luto não é sobre esquecer quem se foi, mas sobre aprender a viver em um mundo onde essa pessoa não está mais presente."

A tristeza extrema pode desencadear uma série de reações no corpo e na mente. O luto não é apenas emocional – ele pode se manifestar fisicamente e mentalmente de várias maneiras:

- Sintomas físicos:

Fadiga extrema, mesmo sem esforço físico.

Insônia ou sono excessivo.

Falta de apetite ou alimentação compulsiva.

Sensação de peso no peito, respiração curta.

Dores musculares e dores de cabeça constantes.

- Sintomas mentais:

Dificuldade de concentração e memória.

Pensamentos obsessivos sobre a perda.

Desmotivação total para trabalhar ou interagir com outras pessoas.

Desejo de isolamento, evitando contato com amigos e familiares.

A tristeza intensa pode gerar um efeito de paralisação, onde a pessoa perde o interesse por atividades que antes lhe davam prazer. A rotina diária se torna um fardo, e até mesmo coisas simples, como tomar banho, comer ou sair de casa, parecem exigências impossíveis.

A seguir vou te contar um exemplo real.

O Luto de Maria: Uma Vida Que Mudou Para Sempre

Maria sempre foi uma mulher cheia de energia. Aos 45 anos, vivia a vida de forma intensa e apaixonada. Trabalhava como professora em uma escola primária e adorava seu trabalho.

Sempre foi uma pessoa vibrante, que enxergava a beleza nas pequenas coisas. Gostava de tomar café na varanda ao amanhecer, ouvir música enquanto cozinhava e caminhar no parque aos domingos.

Mas, acima de tudo, Maria tinha um grande amor em sua vida: seu pai, Antônio.

Seu pai era um homem simples, de alma leve e coração enorme. Viúvo há mais de 20 anos, criou Maria sozinho desde que sua esposa faleceu em um acidente de carro. Ele nunca se casou novamente, pois dizia que sua única missão na vida era fazer de Maria uma mulher forte, independente e feliz.

Desde pequena, Maria via no pai seu melhor amigo, seu herói. Ele a ensinou a andar de bicicleta, ajudou nas lições de casa, assistiu a cada peça de teatro da escola e comemorou suas conquistas como se fossem suas próprias vitórias. Os dois tinham um ritual especial: todas as sextas-feiras, saíam juntos para jantar no restaurante preferido de Antônio, onde ele sempre pedia o mesmo prato – uma bela macarronada com almôndegas, porque dizia que "comida boa aquece a alma".

Nos finais de semana, gostavam de viajar para cidades próximas, explorar trilhas e conhecer pequenas cafeterias escondidas. Maria amava ouvir as histórias que o pai contava sobre sua juventude, sobre as dificuldades que enfrentou e sobre como sempre acreditou que a felicidade estava nas coisas simples.

E era exatamente isso que Maria carregava consigo: a felicidade nas pequenas coisas. Seu pai era seu porto seguro, sua âncora, a voz sábia que a aconselhava nos momentos difíceis.

A Notícia Que Mudou Tudo

A manhã de segunda-feira começou como qualquer outra. O sol entrava suavemente pela janela da cozinha, iluminando o pequeno apartamento onde Maria e Antônio moravam. O aroma do café recém-passado preenchia o ambiente, e o som do rádio tocava baixinho uma música antiga que seu pai gostava. Era um ritual dos dois: todas as manhãs, sentavam-se juntos à mesa para tomar café e conversar sobre o dia que começava.

Naquele dia, no entanto, algo estava diferente. Antônio, que sempre acordava animado, demorou mais do que o normal para sair da cama. Quando finalmente apareceu na cozinha, Maria percebeu que ele estava pálido e suava levemente na testa.

— Pai, está tudo bem? — ela perguntou, franzindo a testa com preocupação.

Antônio sorriu de canto, tentando minimizar o que sentia.

— Ah, filha, é só um incômodo aqui no peito... Deve ser má digestão. Aquela lasanha de ontem estava boa demais, mas acho que exagerei.

Maria não ficou convencida. Seu pai sempre fora um homem saudável, ativo e cheio de disposição. Trabalhava no jardim, fazia caminhadas diárias e nunca reclamava de nada. Ver aquele brilho de energia apagado em seu rosto fez seu coração se apertar.

Ao longo da manhã, a dor parecia intermitente. Antônio tentava ignorá-la, levantando-se para cuidar das plantas na varanda, mas logo voltava a se sentar, massageando discretamente o peito. Quando Maria insistiu para que fossem ao hospital, ele recusou com sua habitual teimosia.

— Para quê tudo isso? Médicos sempre inventam alguma coisa para te deixar preocupado. Logo passa.

Mas não passou.

Na metade da tarde, a dor voltou com mais intensidade. Dessa vez, Antônio levou a mão ao peito e fechou os olhos, respirando fundo como se tentasse dissipar o desconforto. Maria viu o rosto do pai contorcido e sentiu um pânico imediato crescer dentro dela.

— Pai, por favor, vamos ao hospital! Isso não é normal!

Dessa vez, ele não discutiu. Talvez pelo tom alarmado da filha ou pelo medo que tentava esconder. Ele apenas assentiu com a cabeça, e Maria correu para pegar as chaves do carro.

No caminho para o hospital, Antônio permaneceu em silêncio, olhando pela janela como se estivesse contemplando algo distante. Maria segurava o volante com força, tentando manter a calma, mas seu coração disparava. Ela sentia que algo estava errado, que aquela dor não era apenas um desconforto passageiro.

Ao chegarem ao hospital, a movimentação dos médicos foi rápida. Antônio foi levado para a sala de emergência, e Maria ficou do lado de fora, esperando, com as mãos trêmulas.

Ela sentia um nó na garganta, uma sensação sufocante de impotência. O tempo parecia se arrastar, cada minuto mais longo do que o outro.

Finalmente, um médico saiu da sala com uma expressão grave.

— O que ele tem, doutor? — Maria perguntou, sentindo o pânico subir pela garganta.

O médico suspirou antes de responder.

— Seu pai sofreu um infarto silencioso há alguns dias e não percebeu. O coração dele está muito enfraquecido. Vamos fazer tudo o que for possível, mas a situação é delicada.

Maria sentiu o chão sumir debaixo de seus pés. Como assim? Seu pai, aquele homem forte e cheio de vida, estava com o coração falhando sem que ninguém soubesse?

Ela foi levada até o quarto onde Antônio estava, ligado a monitores e soro. Ele sorriu fraco ao vê-la, tentando esconder sua preocupação.

— Está tudo bem, filha... Vai ficar tudo bem.

Mas Maria viu em seus olhos que ele sabia que não ficaria.

Naquela madrugada, enquanto Maria cochilava ao lado da cama do pai, segurando sua mão, os alarmes da máquina dispararam. Um turbilhão de médicos entrou no quarto, e tudo aconteceu rápido demais.

Maria foi afastada, assistindo impotente enquanto tentavam reanimá-lo. O tempo parecia se distorcer, os sons pareciam abafados, como se estivesse em um pesadelo do qual não conseguia acordar.

E então, tudo ficou em silêncio.

Antônio se foi.

Maria sentiu o peito se comprimir, uma dor que nenhuma palavra poderia descrever. O homem que sempre esteve ao seu lado, que segurou sua mão nos momentos difíceis, que fazia do mundo um lugar mais bonito, agora não estava mais ali.

O hospital parecia girar ao seu redor. As vozes dos médicos, o barulho dos monitores, tudo se misturava em um som distante. O vazio tomou conta dela.

Naquela madrugada, a vida de Maria mudou para sempre.

Maria não conseguiu processar a notícia. Seu coração acelerou, suas mãos ficaram frias, e um zumbido preencheu seus ouvidos, tornando tudo ao redor um borrão distante.

Como aquilo podia ser real? Como alguém que sempre esteve ali, cheio de vida, simplesmente desaparece?

Na noite anterior, enquanto jantavam juntos, conversaram sobre a viagem que fariam no próximo mês. Antônio estava animado, como sempre ficava quando falava sobre conhecer um novo lugar. Ele contava histórias de suas viagens antigas, relembrava as vezes em que se perderam nas estradas, riam dos pequenos imprevistos e planejavam cada detalhe. Maria lembrava perfeitamente do brilho nos olhos dele enquanto falava sobre como queria experimentar a comida típica do destino escolhido.

Agora, aquele mesmo homem que falava com tanta empolgação sobre o futuro já não estava mais ali. O tempo os enganou. Aquele "próximo mês" nunca chegaria para ele.

Uma onda de desespero a tomou por completo. Seu corpo não respondia, as palavras se perderam em sua boca. Era como se o mundo tivesse sido colocado em pausa. Tudo ao redor continuava acontecendo — enfermeiros passavam pelos corredores, vozes ecoavam ao fundo, passos apressados iam e vinham — mas para Maria, tudo havia parado.

Sentiu-se vazia, como se algo tivesse sido arrancado de dentro dela. O chão parecia instável, o ar pesado demais para respirar. O mundo que conhecia, aquele em que seu pai sempre esteve presente, deixou de existir em um piscar de olhos. Era como se a vida tivesse perdido a cor, como se todas as certezas tivessem sido levadas junto com ele.

Maria queria acreditar que aquilo era um erro, que alguém entraria pela porta do hospital e dissesse que tudo não passava de um engano. Mas a realidade era implacável. O homem que lhe ensinou a dar os primeiros passos, que sempre a esperava com café quente nas manhãs frias, que a fazia rir com suas histórias, agora era apenas uma lembrança.

E a vida, cruelmente, seguiu em frente. Mas Maria ainda não sabia como faria para continuar.

Os Dias de Luto e a Perda do Sentido

Nos primeiros dias após a perda, Maria esteve cercada por amigos e familiares. As mensagens de pêsames chegavam sem parar, abraços apertados eram dados em meio às lágrimas, e todos repetiam palavras de conforto que, embora bem-intencionadas, pareciam incapazes de aliviar a dor.

A casa, que antes tinha o silêncio preenchido pela voz acolhedora de seu pai, agora estava repleta de pessoas tentando oferecer apoio, mas nenhuma presença parecia preencher o vazio deixado por ele.

Os primeiros momentos foram vividos no automático. Ela agradecia as condolências, recebia visitas e até mesmo conseguia esboçar um sorriso fraco quando alguém contava uma história sobre Antônio. Mas, conforme os dias se passaram, as pessoas voltaram para suas rotinas. As ligações diminuíram, as visitas tornaram-se menos frequentes, e a vida seguiu seu curso para todos — menos para Maria.

A dor, que no início parecia ser compartilhada, começou a se transformar em um peso que só ela carregava. O mundo ao seu redor parecia girar normalmente, mas dentro dela, tudo estava parado, congelado no momento em que ouviu a notícia da morte de seu pai. Enquanto os outros continuavam seus dias, Maria se sentia presa em um tempo que já não existia mais.

Os pequenos gestos diários passaram a ser golpes silenciosos de saudade. Pegar duas xícaras na prateleira do armário, antes de lembrar que agora só precisava de uma. Sentar-se à mesa do café e perceber que o assento à sua frente estaria sempre vazio. Chegar em casa esperando ouvir a voz de Antônio perguntando como foi seu dia, apenas para ser recebida pelo eco do silêncio.

Maria se perguntava se alguém ainda pensava nele da mesma forma que ela. Será que os outros também sentiam aquele aperto no peito todas as manhãs? Será que também seguravam o telefone por alguns segundos, quase discando o número dele antes de se lembrar de que ele não atenderia?

A pior parte da dor não era apenas sentir saudade. Era a sensação de que, com o tempo, o mundo iria esquecê-lo — e ela não sabia como seguir em frente sem carregar sua memória em cada pensamento, em cada momento, em cada respiro.

A casa, que outrora era um refúgio acolhedor repleto de risadas e conversas, agora parecia envolta em um silêncio desconcertante, como se o próprio ar tivesse perdido sua energia. Os corredores, que antes ecoavam os passos apressados e as vozes calorosas, agora estavam imersos em uma quietude que pesava no peito.

O café da manhã, uma rotina simples mas carregada de memórias, já não tinha mais a mesma cor.

Antes, era o momento mais aguardado do dia, onde o aroma do café se misturava com a risada contagiante de seu pai, que sempre começava a refeição contando alguma história engraçada, criando um ambiente de cumplicidade e alegria. Mas agora, aquele ritual se transformava em um solitário e melancólico silêncio, onde cada gole de café parecia ecoar mais vazio do que o anterior.

Às sextas-feiras, que sempre foram sinônimo de expectativas e planos para o fim de semana, tornaram-se quase insuportáveis. O simples ato de passar em frente ao restaurante onde costumavam jantar, de mãos dadas, trocando olhares cúmplices, agora a fazia sentir um nó na garganta. A lembrança do que foi e do que não seria mais provocava um aperto no peito, como se a saudade não fosse apenas uma sensação, mas um peso físico, que a seguia a cada passo. As ruas, antes familiares e reconfortantes, agora se tornavam um labirinto de lembranças dolorosas, e ela se perguntava se algum dia seria capaz de seguir em frente sem carregar essa dor oculta que se agarrava a cada canto do seu ser.

O trabalho, que antes era sua grande paixão, seu refúgio e fonte constante de realização, transformou-se em um peso insuportável. Ela sentia como se estivesse carregando um fardo invisível sobre os ombros, que a impedia de respirar com a leveza de antes. A alegria que sempre sentia ao interagir com as crianças desaparecera, deixando no lugar uma irritação crescente e uma exaustão sem fim. O sorriso que costumava iluminar seu rosto, espontâneo e genuíno, agora parecia uma máscara difícil de ser sustentada. Ela não conseguia mais encontrar a energia necessária para cativar os pequenos, para transmitir o entusiasmo que sempre alimentava suas aulas.

As lições, que antes eram vibrantes, cheias de jogos, histórias e momentos de descoberta, agora se tornaram rotinas cansativas e repetitivas.

As palavras saíam de sua boca sem vida, e os olhos dos alunos, que antes brilhavam com curiosidade, agora pareciam indiferentes, como se o entusiasmo de ambos tivesse se dissipado no ar.

O ambiente da sala de aula, que antes era repleto de risos e vozes altas, passou a ser tomado por um silêncio tenso e monótono, onde ela se via apenas marcando o tempo, sem forças para se conectar com o que sempre a fazia amá-lo.

Seus colegas de trabalho, que a conheciam tão bem, começaram a perceber a mudança sutil, mas alarmante.

Os olhares preocupados, os sorrisos forçados, as tentativas de conversa durante o intervalo – todos sabiam que algo estava errado, mas ninguém sabia como abordá-la. A empatia deles, embora visível, parecia impotente diante da dor silenciosa que ela carregava, uma dor que se refletia nas pequenas mudanças em seu comportamento, no cansaço que ela não conseguia esconder e na ausência de brilho que antes iluminava seus olhos. Eles queriam ajudar, mas não sabiam como resgatar a mulher que um dia foi a fonte de energia e inspiração de todos ao seu redor.

A exaustão se apossou de seu corpo de uma forma tão profunda que se tornou impossível ignorá-la. Cada movimento parecia um esforço sobre-humano, e levantar da cama pela manhã se tornara uma batalha diária contra o peso invisível que a consumia. As cobertas, que antes eram apenas um abrigo confortável, agora eram a única coisa que a mantinha ancorada, impedindo-a de se perder no vazio do dia. Os finais de semana, que deveriam ser momentos de descanso e lazer, passaram a ser um refúgio sombrio. Ela preferia ficar na cama, o dia inteiro, afundada nos lençóis, evitando o contato com o mundo exterior como se estivesse tentando se esconder de si mesma.

As coisas que antes lhe traziam prazer, como ouvir sua música favorita, sentir as notas preenchendo sua alma e a liberdade de caminhar pelo parque sob o sol suave, agora pareciam distantes e irreais. Não havia mais espaço para as pequenas alegrias que costumavam colorir seus dias. O som da música, que uma vez tinha o poder de transportá-la para lugares cheios de lembranças felizes, agora era apenas uma melodia distante e sem emoção. O parque, com suas árvores e trilhas, que costumava ser seu escape, agora não fazia sentido algum. O simples ato de caminhar se tornara uma tarefa tediosa, sem o prazer da descoberta ou da conexão com a natureza.

Ela parou de cozinhar, que antes era uma atividade que a relaxava, quase terapêutica, um momento de criação e prazer. A cozinha, com seus aromas e sabores, tornou-se um espaço sem vida, sem vontade.

Parou de sair, de socializar, de encontrar amigos ou familiares. As conversas que antes eram fluídas e repletas de risos e histórias agora se transformaram em um esforço monumental, uma obrigação que ela simplesmente não tinha energia para cumprir.

A solidão, que antes parecia uma escolha momentânea, agora se tornou sua única companhia constante. Ela não estava mais vivendo, apenas existindo – um ser desligado de sua própria essência, afastado do que a tornava quem ela era. A chama dentro dela parecia ter se apagado, e tudo o que restava era um vazio, pesado e imenso, consumindo a energia que ela nem sabia que tinha.

O Desafio de Seguir em Frente

Maria sabia, no fundo de sua alma, que não poderia continuar vivendo assim para sempre. O peso da dor e da saudade a consumia a cada dia, tornando tudo ao seu redor um reflexo apagado do que um dia foi. Mas, mesmo com essa consciência, ela não sabia por onde começar. Cada tentativa de dar um passo em direção à recuperação parecia esmagada antes mesmo de tomar forma, como se o simples ato de respirar fosse um desafio. O mundo ao seu redor, com sua pressão incessante, lhe dizia o tempo todo para "superar", como se fosse algo simples de se fazer, uma fórmula mágica que pudesse ser aplicada para apagar o vazio que o luto deixou. Mas como se podia pedir para alguém superar a ausência de uma pessoa que havia sido uma parte fundamental de sua existência? Como superar o eco das risadas, as conversas silenciosas, o olhar cúmplice que, em um simples gesto, preenchia tudo o que ela mais precisava?

Cada pedaço de sua vida havia sido moldado por essa presença, e agora, sem ela, tudo parecia um quebra-cabeça incompleto, com as peças faltando em todos os cantos. A saudade era como uma ferida aberta, que não cicatrizava, mas continuava a doer com uma intensidade cruel. Superar o vazio, superar a dor – como fazê-lo quando a própria ideia de superação parecia um insulto à memória de quem se foi? O conselho dos outros, com suas palavras apressadas e simplistas, não fazia sentido. Como alguém poderia simplesmente "seguir em frente" quando seu coração estava dilacerado pela perda de quem, por tanto tempo, havia sido o seu porto seguro, sua razão para sorrir?

Maria se via perdida nesse emaranhado de expectativas e frustrações. Ela queria encontrar uma maneira de seguir em frente, de viver novamente, mas o caminho parecia nebuloso e sem fim. Cada movimento em falso a deixava mais distante de quem ela era.

O tempo, que o mundo insistia em afirmar que curaria tudo, parecia apenas aumentar a distância entre ela e a mulher que já foi capaz de viver plenamente. Ela não sabia por onde começar, mas sentia, no fundo, que precisava começar de algum jeito – talvez não para "superar", mas para aprender a viver com a ausência, para um dia, encontrar uma nova forma de existir.

Foi em um dia comum, quando Maria se viu perdida em seus pensamentos enquanto mexia nas coisas de seu pai, que algo inesperado aconteceu. Entre as memórias espalhadas por caixas e gavetas, algo chamou sua atenção. Era uma carta, meio escondida em uma gaveta, quase esquecida pelo tempo. O papel, já amarelado pela idade, exalava uma nostalgia silenciosa. A fragilidade das bordas e o leve toque da tinta desbotada sugeriam que aquele pedaço de papel havia sido guardado com um cuidado especial, como um tesouro que, por algum motivo, não deveria ser esquecido.

Ela hesitou por um momento, um frio no estômago, como se estivesse prestes a invadir um território sagrado. Mas, movida pela saudade e pela curiosidade, Maria abriu a carta. Assim que os olhos dela pousaram nas primeiras palavras, algo inusitado aconteceu. A caligrafia que se revelava no papel era inconfundível, a mesma que ela havia visto tantas vezes em bilhetes carinhosos deixados por seu pai, espalhados pela casa: um "te amo" no espelho, uma mensagem breve na geladeira, uma pequena nota em cima da sua xícara de café. A escrita era firme, mas cheia de carinho, como se cada palavra tivesse sido cuidadosamente escolhida para transmitir mais do que simples frases.

Enquanto as palavras se desenrolavam diante de seus olhos, Maria sentiu o peso de cada sílaba, como se seu pai estivesse ali, falando diretamente com ela, mesmo depois de tanto tempo. A carta estava datada de muitos anos atrás, mas as emoções contidas nela eram tão vívidas que parecia que ele estava escrevendo naquele momento, como se o tempo não tivesse passado.

A carta não era apenas uma mensagem comum, mas uma verdadeira janela para o passado, um reflexo do amor e da dedicação que ele sempre tivera por ela.

Cada palavra, cada frase, a conectava de forma intensa com ele, e Maria sentiu que, por um breve instante, a ausência de seu pai se tornava mais suportável.

Ele não estava fisicamente presente, mas havia deixado ali um pedaço de sua alma, guardado com tanto zelo, como um lembrete de que o amor nunca desaparece, apenas se transforma.

Ao terminar de ler, Maria ficou ali, segurando o papel envelhecido, os olhos marejados, sentindo uma mistura de dor e conforto. O que ela encontrou não era apenas uma carta, mas uma prova de que, mesmo na ausência, ele sempre estaria com ela, presente em cada palavra, em cada gesto, em cada memória.

Na carta, as palavras de seu pai vinham com uma calma serena, mas carregada de um amor tão profundo que parecia atravessar o tempo, alcançando Maria no presente de uma maneira quase palpável. Ele começava com uma sinceridade suave, mas firme, que imediatamente a fez suspirar, como se ela soubesse que esse era um tipo de verdade que só poderia vir de um lugar de sabedoria e carinho absolutos.

"Filha", ele escrevia, "um dia, eu não estarei mais aqui. E sei que isso será difícil para você. Eu entendo, mais do que qualquer um, o quanto sua dor pode ser grande. Mas, quero que se lembre de algo muito importante: eu vivi uma vida feliz, uma vida plena, porque tive você ao meu lado, porque cada momento que passei com você foi um presente."

Cada palavra parecia um abraço apertado, um consolo silencioso para a dor que ela sentia, antecipando o vazio que ele sabia que ela experimentaria.

O coração de Maria se apertou ao ler as palavras seguintes, mas ele continuou, com uma delicadeza que só um pai poderia ter: "E quando eu me for, quero que você continue vivendo com a mesma felicidade que sempre compartilhei com você. Não permita que a tristeza, por mais forte que seja, roube os momentos lindos que ainda estão por vir. A vida é um presente, um presente precioso, e você ainda tem muitas coisas incríveis para viver. Ainda há tanta luz esperando por você." Ele falava como se estivesse lhe dando permissão para seguir em frente, como se, de algum modo, seu amor fosse uma bússola que a guiaria, mesmo após sua partida.

"Por isso, filha, siga em frente. Sorria, ame, viaje, ensine, como sempre fizemos juntos. Não permita que a dor seja maior que a beleza que a vida tem a oferecer." Ele escrevia com a confiança de alguém que sabia que, embora o tempo passasse, o amor nunca se extinguiria, nunca se desvaneceria.

"Eu estarei sempre com você", dizia ele, "em cada estrela no céu, em cada música que ouvirmos juntos, em cada momento de alegria que você permitir-se viver."

A carta terminava com um simples, mas profundo: *"Com amor, papai."* Essas palavras finais ressoaram no fundo do coração de Maria, como um eco suave e reconfortante que, ao mesmo tempo, a fazia sentir um vazio e uma plenitude indescritíveis. Ela sabia que ele estava partindo, mas também sabia que ele estava deixando uma parte de si com ela – não apenas nas memórias, mas na força do seu amor, que se transformaria em luz, em guia, em uma presença invisível, mas constante.

Maria se permitiu chorar por horas, sem pressa, sem julgamentos. As lágrimas, que pareciam um rio imenso e incontrolável, saíam sem cessar, como se seu corpo finalmente se libertasse de um peso que ela havia carregado em silêncio por tanto tempo. O vazio que ela sentia dentro de si agora se tornava uma dor física, palpável, mas ao mesmo tempo, algo dentro dela começava a se transformar. Era como se a dor, embora ainda intensa, fosse acompanhada por um tipo de alívio inesperado. As lágrimas não eram apenas um reflexo da perda, mas também um testemunho de um amor que nunca a deixaria, um amor que atravessava a barreira do tempo e da morte.

Enquanto os soluços sacudiam seu corpo, uma sensação começou a crescer em seu peito, lenta e cautelosa. Pela primeira vez em muito tempo, ela sentiu algo que não sabia mais como identificar: a presença de seu pai. Ele estava ali, não fisicamente, mas de uma forma que ela nunca imaginara possível. A carta, suas palavras, agora estavam dentro dela, se misturando com a dor e criando uma nova perspectiva sobre o que significava viver sem ele. Ela sentiu sua presença em cada memória, em cada risada antiga, nas músicas que agora ecoavam em sua mente como uma lembrança vívida de momentos felizes. Ele não havia partido, não totalmente.

Enquanto as horas passavam, o choro foi se tornando mais suave, mais introspectivo, e Maria percebeu que, em algum lugar entre as lágrimas e o silêncio, ela não estava mais sozinha.

Seu pai, com toda a sua sabedoria e amor, estava com ela, de uma forma profunda e inabalável. Ele estava ali em cada passo que ela dava, em cada sorriso que ela ainda seria capaz de oferecer, em cada sonho que ela tivesse coragem de seguir. Ele sempre estaria com ela, não importa onde fosse, não importava o que a vida trouxesse.

O amor dele não era limitado pela distância ou pelo tempo. Era uma presença eterna, invisível, mas tão real quanto a própria respiração dela.

Maria deixou-se envolver por esse sentimento, permitindo que ele preenchesse o vazio que a consumia, dando-lhe uma força que ela não sabia mais ter. Ela finalmente compreendeu: a ausência de seu pai não significava o fim de seu vínculo com ele. Ele viveria nela, em cada escolha, em cada lembrança, em cada ato de amor que ela pudesse oferecer ao mundo. Ela não estava mais perdida no labirinto da saudade. De alguma forma, seu pai a guiava, com a luz suave de suas palavras, lembrando-lhe que, embora ele tivesse partido, o amor dele seria uma constante em sua vida. Ela não estava sozinha. Ele sempre estaria ali.

A Luz no Fim do Túnel

Nos meses que se seguiram, Maria se viu diante de um lento, mas constante processo de reconstrução. A dor da perda ainda estava ali, constante como uma sombra, mas ela sabia que precisava começar a se mover, a seguir em frente, mesmo que de forma hesitante. Começou com pequenos passos, quase imperceptíveis, como se cada gesto fosse uma tentativa de reacender algo dentro de si que havia ficado apagado. A decisão de voltar ao parque, um lugar que sempre foi seu refúgio, foi um desses primeiros passos. No começo, tudo parecia mais difícil do que ela imaginara. O simples ato de caminhar parecia exigir um esforço imenso, como se o peso do mundo estivesse nos seus ombros. Cada passo parecia ressoar no vazio que ela carregava, e o caminho, que antes era um lugar de prazer e tranquilidade, agora parecia estranho, distante, quase irreconhecível. O parque, que costumava ser um espaço de liberdade e alegria, agora parecia mais silencioso, como se as árvores e os caminhos também sentissem a ausência de alguém.

Maria caminhava devagar, os olhos fixos no chão, tentando encontrar algum sinal, alguma coisa que a lembrasse de quem ela costumava ser, da mulher cheia de energia que adorava aquele espaço. Mas a cada passo, algo começava a acontecer. O som das folhas secas sob seus pés, o canto distante dos pássaros, o frescor do vento tocando seu rosto, começaram a despertar sensações adormecidas.

Ela começava a perceber os pequenos detalhes ao seu redor: a luz suave do entardecer filtrando-se pelas árvores, o cheiro de grama fresca no ar, a suavidade da brisa. Aos poucos, esses detalhes começaram a se infiltrar em seu coração, aquecendo a dor e oferecendo-lhe, de alguma forma, consolo. A caminhada, que antes era um esforço, passou a ser um pequeno prazer, algo que ela começava a esperar, um espaço para se reconectar consigo mesma e com o mundo.

Não foi um processo rápido. As primeiras semanas foram cheias de dúvidas e resistência, mas, com o tempo, algo dentro dela começou a mudar. O prazer, embora ainda tímido, começou a se infiltrar em sua rotina. Ela voltava ao parque não apenas por obrigação, mas porque sentia uma leveza, uma sensação de que, de alguma maneira, estava resgatando uma parte de sua essência. A caminhada, que começara com passos vacilantes, agora se tornava mais firme. Ela começava a ouvir mais atentamente o som das árvores balançando, a ver a beleza simples de um ramo quebrado, a sentir a presença das coisas ao seu redor como nunca antes. Talvez não fosse mais como antes, mas havia algo de novo, algo que ela não podia ignorar: o começo de uma reconexão com a vida, com o prazer simples de estar viva, de respirar e de permitir-se sentir.

Maria sabia que a jornada ainda era longa, que as cicatrizes levariam tempo para cicatrizar, mas aquele momento no parque, o prazer renovado de caminhar por ali, foi um sinal de que ela estava, de fato, começando a retomar sua vida. O que antes parecia impossível, agora parecia mais real. E, aos poucos, ela começou a acreditar que a felicidade não estava perdida. Ela apenas precisava aprender a encontrá-la novamente, em seus próprios termos, passo a passo.

Maria retornou à sala de aula com um misto de receio e esperança. As primeiras semanas foram difíceis, como se estivesse tentando se encaixar novamente em um papel que, por tanto tempo, parecia ter perdido o significado. Mas, à medida que os dias passavam, algo começou a mudar dentro dela.

Ela se lembrava, constantemente, das palavras de seu pai, aquelas que ele sempre repetia com um sorriso gentil: "Ensine com amor, porque o amor transforma vidas." Ele acreditava no poder do ensino como uma forma de conectar corações e mudar destinos, e, à medida que Maria retomava sua rotina, ela se pegava buscando aquele amor que ele tanto falava, mesmo que, às vezes, fosse difícil encontrar em si mesma.

O ambiente da sala de aula, que antes parecia apenas um trabalho, agora se tornava um espaço de ressignificação. Maria começou a se dar conta de que, ao ensinar, ela não estava apenas transmitindo conhecimento – ela estava moldando, de alguma forma, as vidas de seus alunos. Cada olhar curioso, cada pergunta, cada sorriso inocente fazia com que seu coração se aquecesse de maneira inesperada. Ela entendia que, apesar das cicatrizes, o ato de ensinar poderia ser, sim, uma forma de cura, tanto para ela quanto para aqueles que estavam diante de sua mesa. O amor que seu pai falava não precisava ser grandioso ou explícito. Ele estava nos pequenos gestos: no cuidado ao explicar uma lição, na paciência ao ouvir uma dúvida, na gentileza ao incentivar uma criança a ir além de seus próprios limites.

Maria começou a se envolver cada vez mais com suas aulas, não apenas pela responsabilidade que elas exigiam, mas pela oportunidade de, através do ensino, transformar algo dentro de si. Ela se dava conta de que, ao dedicar-se com carinho a cada momento de sua profissão, ela também estava se permitindo curar. Seus alunos, com suas perguntas e risos, foram aos poucos preenchendo os vazios que ela carregava. Ela se sentia renovada, como se cada dia fosse uma chance de recomeçar, de olhar para sua vida e para as vidas dos outros com mais compaixão e esperança.

O conselho de seu pai se tornara uma filosofia de vida. Ensinar com amor, afinal, não era apenas sobre os outros; era também sobre ela. O amor, com o qual ela se dedicava ao seu trabalho, transformava não apenas os corações dos seus alunos, mas o seu próprio. Ela entendeu que cada lição era mais do que um simples conteúdo. Era uma oportunidade de tocar vidas de uma maneira profunda e significativa. Maria não só estava ensinando – ela estava aprendendo a amar novamente, a acreditar novamente, e, acima de tudo, a se reencontrar, passo a passo, naquilo que mais amava fazer.

Era uma sexta-feira, e, após meses de hesitação, Maria finalmente decidiu dar um passo que parecia impossível: voltar ao restaurante onde, por tantos anos, ela e seu pai haviam compartilhado momentos de risadas e conversas tranquilas. O lugar, com suas luzes suaves e o aroma inconfundível de pratos frescos, parecia ao mesmo tempo acolhedor e distante, como se o tempo tivesse congelado ali, aguardando sua volta. Quando entrou, o som familiar das conversas ao fundo e o tilintar dos talheres a envolveram como um abraço silencioso, e ela percebeu que o lugar ainda mantinha aquela aura de conforto que sempre tivera.

Ela se sentou no mesmo cantinho de sempre, perto da janela, onde a luz suave da rua se filtrava pela cortina de renda, criando um ambiente íntimo e acolhedor. O cardápio estava nas suas mãos, mas ela não precisou pensar muito antes de fazer o pedido. "Macarronada com almôndegas", disse ela com uma voz mais suave do que imaginara, como se ainda sentisse a presença dele ali, em cada escolha, em cada gesto. A comida que sempre foi a favorita dele, o prato que compartilhavam e que se tornara um símbolo de todas as noites especiais que haviam vivido juntos.

Quando o prato chegou, Maria olhou para ele com uma mistura de saudade e aceitação. A macarronada estava exatamente como ela lembrava: o molho vermelho e espesso, as almôndegas douradas e suculentas, o aroma que imediatamente a transportou para aquele tempo simples e feliz. Ela pegou o garfo, hesitou por um momento e, com a primeira garfada, sentiu um sorriso espontâneo surgir em seus lábios. Não era um sorriso de pura felicidade, mas algo mais profundo, mais calmo. Era como se, naquele simples gesto, seu pai estivesse ali novamente, ao seu lado, compartilhando aquele momento com ela.

A sensação foi quase mágica. Cada pedaço de macarrão parecia impregnado de memórias, e o sabor, embora familiar, trouxe consigo um toque de nostalgia, como se ela estivesse, de alguma forma, conectada com o passado de uma maneira nova. O sabor da comida não era apenas um prazer físico, mas uma viagem para os dias felizes que haviam ficado para trás.

Maria olhou ao redor, como se esperasse vê-lo sentado à sua frente, sorrindo e comentando sobre o sabor do molho, mas, ao invés disso, ela sentiu sua presença de uma forma sutil e reconfortante.

Ele estava ali, não de maneira física, mas em cada pedacinho daquele momento, em cada lembrança que a comida despertava.

Ela terminou a refeição com um sorriso sereno, e pela primeira vez em muito tempo, sentiu uma paz inesperada. O restaurante, aquele simples lugar que sempre foi palco de tantas memórias, agora parecia mais do que um espaço físico. Era um local de encontro com o amor de seu pai, com os ensinamentos e os momentos compartilhados. Maria sabia que, embora ele não estivesse mais ali para dividir aquele prato com ela, ele sempre estaria em cada pedaço de sua vida, em cada gesto que ela tomasse com carinho, em cada refeição compartilhada com amor. O passado e o presente se misturavam naquele momento, e Maria se sentiu, finalmente, em paz.

Maria ficou ali, em silêncio, absorvendo a quietude do momento. Enquanto o vento suave passava pela janela, ela refletia sobre tudo o que havia vivido. A saudade, aquele sentimento profundo e constante que a acompanhava, nunca a deixaria, ela sabia disso. Mas algo dentro dela havia mudado. Antes, a saudade parecia um fardo, uma dor imensa e intransponível que a fazia querer voltar no tempo, apagar a ausência e ter, novamente, seu pai ao seu lado. Era uma dor que a acompanhava como uma sombra, que tornava o peso da vida mais difícil de carregar.

Agora, porém, ela começava a perceber algo novo: a saudade não precisava ser uma prisão, não precisava ser um lembrete constante de que algo estava perdido para sempre. Ela entendeu que, na verdade, a saudade podia ser uma ponte, uma conexão silenciosa entre o passado e o presente. Cada lembrança que surgia, cada pensamento sobre os momentos que havia compartilhado com seu pai, trazia consigo uma ternura suave, uma sensação de amor que transcendeu a dor. Em vez de ser uma carga que a consumia, a saudade se tornava uma forma de celebrar tudo o que ele representou em sua vida.

Maria sorriu levemente ao se lembrar das tantas risadas, dos conselhos dados com tanta paciência e carinho, das pequenas discussões que sempre terminavam em um abraço apertado.

Ela percebeu que, embora não pudesse mais criar novas memórias com ele, as que já existiam eram como tesouros guardados no fundo de seu coração.

Cada lembrança era uma joia preciosa, um reflexo de tudo que ela havia vivido ao lado dele.

E, mesmo com a dor que a saudade trazia, havia algo de bonito nisso. Era o amor que continuava a se manifestar, a energia vibrante das memórias que, de alguma forma, nunca a abandonariam.

A saudade, então, não era mais um peso. Ela se tornou uma amiga silenciosa, uma presença constante e acolhedora que a lembrava de sua capacidade de amar, de ter vivido momentos incríveis, de ter sido tão profundamente amada. Maria entendeu que, ao aceitar a saudade com esse novo olhar, ela estava honrando a vida que tivera com seu pai, sem deixar que a dor ofuscasse as memórias cheias de alegria e significado. E, naquele momento, ela sentiu um alívio silencioso, como se uma parte de seu coração finalmente tivesse encontrado paz. A saudade estava ali, sim, mas agora ela era uma lembrança bonita, uma marca indelével de um amor eterno que, mesmo na ausência, continuava a nutrir sua alma.

Conclusão: O Amor Nunca Morre

A dor da perda, quando chega, é imensa e avassaladora. Parece que o mundo inteiro desaba, e tudo ao seu redor perde a cor, como se as cores do universo se tivessem apagado, deixando apenas um vazio profundo e inquietante. Nos primeiros dias, semanas, ou até meses, o coração pesa com uma saudade insuportável, e o espírito se vê arrastado pela sensação de que nada mais tem significado. O tempo, que antes fluía com uma leveza natural, agora parece escorrer lentamente, sem pressa de passar, como se se recusasse a levar a dor embora. Cada lugar que antes parecia comum agora está impregnado de ausência, e os momentos que antes eram vividos com intensidade parecem agora distantes, como se tivessem acontecido em outra vida, em outra época.

Mas, à medida que o tempo vai passando, algo começa a se revelar na densidade da dor. A dor da perda pode ser forte, mas o amor que deixamos para trás não se apaga. Ele não se dissolve com a partida de quem amamos. Ao contrário, o amor, com toda a sua força silenciosa, persiste, se transforma e encontra novos caminhos para continuar vivo.

Esse amor se reflete em cada memória compartilhada, em cada sorriso que foi dado, em cada palavra que foi dita com carinho.

Ele permanece nas lições que aqueles que partiram nos ensinaram – lições que continuam a nos guiar, a nos moldar, mesmo que eles não estejam mais fisicamente presentes.

Esse amor vive nas histórias que contamos, nas piadas que só nós entendemos, nas músicas que tocamos e que nos transportam para momentos felizes, onde seus rostos ainda brilham, onde as risadas ainda ecoam em nossos corações. Ele sobrevive nas pequenas coisas do cotidiano: em um cheiro familiar, em um gesto que nos faz lembrar de algo que eles faziam, nas tradições que seguimos e que mantemos vivas para honrar suas memórias. O amor que compartilhamos com aqueles que partiram não se dissolve como poeira ao vento, mas se reinventa. Ele se torna uma força invisível que, embora não possamos tocar, sentimos em cada fibra do nosso ser.

A perda nunca é fácil, mas ao aceitarmos que o amor não é algo que desaparece com a partida, começamos a perceber que, de alguma forma, aqueles que se foram continuam conosco. Eles continuam vivos nas memórias, nos valores que nos deixaram, nas inspirações que nos impulsionam a seguir adiante, a viver da melhor forma possível. O amor deles, eternizado em nós, não é um peso, mas uma herança preciosa que nos dá força para continuar, para abraçar a vida com a mesma intensidade com que eles a abraçaram. Eles não estão fisicamente presentes, mas o amor que nos deixaram é imortal. E, por mais que a dor nos acompanhe, ela se torna parte de um processo de transformação – uma transformação que nos permite carregar esse amor com mais suavidade, mais serenidade, e mais gratidão. O amor nunca morre. Ele apenas encontra novos caminhos para viver, e nós, os que ficamos, somos os guardiões dessa chama eterna.

Maria nunca esqueceu seu pai. Ele permaneceu com ela, em cada lembrança, em cada sorriso que surgia nas pequenas alegrias do dia a dia. Sua ausência, embora profunda, não apagava as memórias preciosas de um amor incondicional, de tardes passadas em longas conversas, de risadas compartilhadas, de gestos simples que agora eram verdadeiros tesouros guardados em seu coração. Ele era uma presença constante, mas não da maneira que ela esperava. Com o tempo, Maria percebeu que não precisava viver presa ao peso da sua falta, e sim integrar esse amor de uma maneira que lhe permitisse seguir em frente.

Ela aprendeu, aos poucos, que carregar alguém dentro de si não significava viver no passado, nem se perder nas lágrimas.

Significava manter viva a essência do que ele representava – sua sabedoria, sua gentileza, a maneira como ele a ensinava a ser forte, a lutar pelas coisas que realmente importavam. Ela o trouxe para o presente de forma sutil, mas poderosa. Em cada decisão importante que tomava, ela lembrava dos conselhos que ele lhe dera, como se ainda estivesse ao seu lado, guiando-a com sua calma e visão de mundo. Quando enfrentava desafios, Maria se perguntava: O que ele faria? Como ele enfrentaria isso? E, assim, sentia-se conectada a ele de uma forma que a fortalecia, ao mesmo tempo em que permitia que ela seguisse sua jornada.

O amor que ele lhe deu não a impedia de avançar, mas a impulsionava a viver com mais coragem. Ela entendeu que ele sempre desejaria vê-la feliz, e que, para honrar sua memória, ela precisava abraçar a vida com a mesma energia, com a mesma paixão que ele sempre teve. Maria aprendeu a carregar seu pai dentro de si como uma fonte de força, como um farol que a guiava, mas sem que ele a puxasse para o passado ou a fizesse se perder na dor da saudade. Em vez disso, o amor dele se transformou em algo leve e acolhedor, como uma energia que a acompanhava, permitindo que ela seguisse em frente, mais consciente daquilo que realmente importava e mais grata pelo tempo que passou ao seu lado.

Ela passou a entendê-lo como uma parte intrínseca de quem ela era, como uma semente plantada profundamente em seu ser, que continuava a crescer e florescer mesmo após sua partida. E, assim, Maria começou a encontrar seu próprio caminho de cura. O amor do pai nunca foi um fardo, mas uma bênção que a fazia seguir em frente com mais propósito, mais determinação. Ele estava ali, de alguma forma, em cada passo que ela dava, não como uma sombra que a limitava, mas como uma presença amorosa que a inspirava a ser a melhor versão de si mesma.

Se você já perdeu alguém especial, sabe o quanto a dor pode ser avassaladora. A sensação de vazio, de que algo fundamental se quebrou dentro de você, é difícil de descrever. O mundo parece perder a cor e o som, como se um pedaço de você tivesse sido arrancado, deixando apenas um eco silencioso.

Mas, com o tempo, algo surpreendente acontece. A dor, que parecia interminável, começa a se transformar. Ela não desaparece, mas se reinventa, se suaviza.

O que antes era uma ferida aberta agora se torna uma cicatriz, uma lembrança de que aquele amor foi real, e que ele deixou marcas que nunca desaparecerão.

A dor da perda se transforma, inevitavelmente, em saudade. E a saudade, quando vivida com carinho e aceitação, não é mais um fardo. Ela se torna uma forma de manter viva a presença de quem partiu, um tributo silencioso àquilo que foi significativo. A saudade não é mais uma dor constante, mas uma conexão profunda com tudo o que a pessoa representava em nossa vida. Ela está nos detalhes mais sutis: no sorriso que surge ao recordar uma piada interna, no cheiro familiar de um perfume que nos remete a momentos felizes, nas tradições que mantemos vivas porque elas são parte da herança daquele ser querido.

Se bem vivida, a saudade pode ser algo surpreendentemente bonito. Ela é uma celebração do amor que foi vivido, uma forma de continuar a sentir a presença de quem amamos, mesmo sem poder tocá-los fisicamente. A saudade nos lembra de tudo o que aprendemos, dos momentos que compartilhamos, e de como esses momentos nos transformaram. Não é mais um vazio, mas um espaço preenchido por lembranças, por risos, por gestos de carinho que continuam vivos dentro de nós. Ela nos permite manter a pessoa presente, não como uma ausência, mas como uma memória luminosa que ilumina nossa caminhada.

Ao aceitar a saudade, ao acolhê-la como uma parte natural do processo de viver, podemos transformar a dor da perda em algo mais profundo e duradouro. A saudade nos ensina a honrar a memória dos que amamos, a continuar a viver de forma plena, carregando com gratidão tudo o que eles nos deixaram. Ela se torna uma força que nos conecta ao que há de mais belo em nossa jornada: o amor que permanece, eterno e imortal, dentro de nós.

O Sentimento de Desamparo e a Solidão

A dor da perda vai muito além da ausência física de quem se foi. Ela é um vazio que se instala no coração, uma sensação profunda de estar perdido, como se o mundo tivesse mudado de forma repentina e deixado de ser o lugar seguro que antes era. Não é apenas a falta da voz, do riso ou do toque; é a ausência do apoio incondicional, da presença silenciosa que trazia conforto mesmo nos dias difíceis. É olhar ao redor e perceber que aquela pessoa que sempre esteve ali, que conhecia seus medos e sonhos, que sabia exatamente o que dizer – ou quando apenas ficar em silêncio – não está mais para oferecer um abraço ou uma palavra de encorajamento.

A perda se manifesta nos momentos mais inesperados: ao se deparar com uma situação em que costumava pedir conselhos, ao sentir a necessidade de compartilhar uma alegria ou desabafar uma tristeza e perceber que não há mais aquele olhar compreensivo para acolher. É a saudade que aperta o peito quando você se vê sozinho em meio a uma multidão, quando o telefone toca e por um segundo seu coração espera ouvir aquela voz familiar. É a falta das conversas cotidianas, das risadas espontâneas, das tradições criadas ao longo dos anos.

Mas, mais do que a ausência, a perda traz uma sensação avassaladora de estar à deriva. Quem parte leva consigo um pedaço de nós, e por um tempo parece impossível preencher esse espaço. O mundo segue em frente, as pessoas continuam suas rotinas, mas dentro de você tudo mudou. A solidão da perda não está apenas na falta de companhia, mas na ausência daquele laço único, daquela conexão que fazia com que você se sentisse compreendido e protegido.

No entanto, aos poucos, essa dor aguda começa a se transformar. O que antes era apenas ausência passa a ser presença de uma nova maneira – nas lembranças, nos ensinamentos, no amor que não desaparece com o tempo. A dor da perda nunca some completamente, mas aprende-se a conviver com ela, transformando-a em saudade serena, em gratidão pelos momentos vividos e em força para seguir adiante, carregando dentro de si tudo o que aquela pessoa representou.

Essa sensação de desamparo pode se manifestar de diferentes formas, tomando proporções que muitas vezes nem imaginamos.

Ela não surge apenas da ausência física, mas da quebra de uma estrutura emocional que parecia inabalável. De repente, aquilo que antes era um porto seguro se desfaz, e o mundo se torna um lugar mais incerto e assustador.

Quando se perde um grande confidente, a solidão se torna uma companhia constante. Aquele amigo, irmão, parceiro ou mentor que sempre esteve ali para ouvir, aconselhar e dividir tanto as dores quanto as alegrias já não está mais presente. As conversas que antes traziam conforto e clareza agora são substituídas pelo silêncio, e pode parecer que ninguém mais será capaz de compreender da mesma forma. Os pensamentos ficam guardados, as emoções presas no peito, porque a pessoa que melhor sabia interpretá-los partiu.

Quando quem se foi era um suporte emocional ou financeiro, o medo do futuro pode ser paralisante. O amparo que aquela pessoa proporcionava ia muito além do material — era a sensação de que, acontecesse o que fosse, havia alguém para segurar sua mão. A ausência traz insegurança, um peso que antes era compartilhado e que agora recai sozinho sobre os ombros de quem ficou. Cada decisão se torna mais difícil, cada obstáculo parece maior, porque falta aquela presença firme que inspirava força e coragem.

E quando a perda é de um pilar familiar, como um pai ou uma mãe, a sensação de estar sem rumo pode ser ainda mais profunda. Para os filhos, é como perder o norte, ficar à deriva em um mar desconhecido. Aquele amor incondicional, que guiava e acolhia, de repente não está mais ali para oferecer um conselho, uma repreensão necessária, ou simplesmente um olhar que dizia: vai ficar tudo bem. Mesmo na vida adulta, a falta dessa referência pode ser desorientadora, fazendo com que cada escolha pareça mais solitária, cada passo mais incerto.

Independente da forma como o desamparo se manifesta, ele nos confronta com uma dura realidade: precisamos encontrar novas formas de seguir em frente. Mas, por mais difícil que pareça no começo, pouco a pouco aprendemos que, mesmo na ausência, aqueles que amamos continuam a nos moldar. Suas palavras ecoam em nossa mente, seus ensinamentos permanecem vivos em nossas escolhas e sua presença, de alguma maneira, ainda nos acompanha nos pequenos detalhes do cotidiano.

O isolamento emocional pode piorar esse sentimento. Muitas vezes, os amigos e familiares próximos não sabem o que dizer, então evitam falar sobre a perda, o que pode fazer a pessoa enlutada se sentir ainda mais sozinha.

Frase de reflexão:
"A pior solidão não é estar sozinho, mas sentir que ninguém pode compreender sua dor."

Vou contar para você um exemplo real:

João perdeu sua irmã, e com ela, perdeu também um pedaço de si. Ela não era apenas parte de sua família – era sua melhor amiga, sua confidente, a pessoa com quem ele dividia seus sonhos e medos sem receios. Desde a infância, haviam construído um vínculo inquebrantável, sustentado por risadas compartilhadas, segredos sussurrados no escuro e o apoio incondicional que só quem ama verdadeiramente pode oferecer. Ela o conhecia melhor do que ninguém, sabia decifrar seus silêncios, compreender suas angústias e celebrar suas vitórias como se fossem dela.

A conexão entre eles ia muito além dos laços de sangue. Era feita de pequenos gestos: um olhar rápido que dispensava palavras, um abraço apertado em dias difíceis, uma mensagem inesperada só para lembrar que estava ali. Nos momentos bons, ela era a primeira a comemorar ao seu lado. Nos momentos ruins, era seu porto seguro, sempre pronta para oferecer conforto e força.

Quando ela se foi, João sentiu que o mundo ao seu redor perdeu o equilíbrio. A dor não veio apenas da ausência física, mas da certeza de que nunca mais ouviria sua risada espontânea, nunca mais dividiria uma conversa boba no meio da madrugada ou sentiria aquela cumplicidade silenciosa que os acompanhou por toda a vida. Não era apenas saudade – era como se um pedaço essencial de sua própria existência tivesse sido arrancado, deixando um vazio impossível de preencher.

Nos meses seguintes, a vida seguiu seu curso ao redor de João, mas para ele, tudo parecia ter perdido o sentido.

O mundo continuava girando, as pessoas seguiam com suas rotinas, os risos ecoavam em conversas casuais, mas ele se sentia desconectado de tudo isso, como se estivesse preso em um tempo que já não existia mais.

As reuniões de família, antes cheias de calor e familiaridade, tornaram-se estranhas, quase artificiais. Havia um silêncio diferente no ar, um espaço vazio que ninguém ousava mencionar, mas que todos sentiam. A cadeira dela à mesa parecia grande demais, desocupada demais, como um lembrete constante de que algo essencial havia se perdido. João tentava agir com naturalidade, mas tudo dentro dele gritava que nada ali fazia sentido sem a presença dela.

Os amigos, preocupados, tentavam tirá-lo daquela bolha de tristeza. Ligavam, mandavam mensagens, o convidavam para sair, buscando distraí-lo com conversas leves e programas que antes lhe fariam bem. Diziam palavras de conforto, repetiam frases como "Ela gostaria que você seguisse em frente" ou "O tempo cura tudo". Mas João não conseguia sentir nada além do peso esmagador da ausência. O mundo parecia seguir em cores vibrantes, mas para ele, tudo estava acinzentado.

A falta da irmã não era apenas a ausência de uma pessoa querida. Era um vazio profundo, um buraco invisível, mas avassalador. Não importava quantas pessoas estivessem ao seu redor – nenhuma delas era ela. Ninguém tinha o mesmo jeito de rir, o mesmo olhar que dizia tudo sem precisar de palavras. Ninguém conhecia suas dores e alegrias tão bem quanto ela. E era isso que doía mais: a certeza de que nunca mais sentiria aquela conexão que, por tanto tempo, foi uma parte inseparável de quem ele era.

A tristeza se tornou uma sombra inseparável, acompanhando João em cada passo, em cada instante de seu dia. Era um peso invisível, mas esmagador, tornando tudo ao seu redor mais lento, mais denso, como se o mundo tivesse perdido parte de sua cor.

Ele começou a evitar os lugares que antes eram sinônimos de alegria, refúgios onde compartilhava momentos preciosos com sua irmã. A cafeteria, onde passavam horas conversando sobre a vida entre goles de café, agora parecia fria e impessoal, sem o brilho de sua risada para preencher o ambiente.

O parque, onde costumavam caminhar sem pressa, inventando histórias sobre estranhos que passavam, agora lhe parecia apenas um espaço vazio, sem propósito. Até mesmo o sofá de casa, onde passavam madrugadas maratonando séries e discutindo teorias absurdas sobre os personagens, havia se transformado em um lembrete silencioso do que nunca mais voltaria a ser.

Cada canto, cada cheiro, cada música tocada no rádio trazia de volta uma lembrança dela. Mas essas memórias, que um dia foram motivo de felicidade, agora pareciam agravar a dor da ausência. O que antes era aconchego agora era vazio. O que antes era amor agora era saudade. E por mais que ele soubesse que essas lembranças eram a prova de tudo o que viveram juntos, nada conseguia preencher o espaço deixado pela irmã. A sensação de incompletude era sufocante – como se o mundo estivesse inteiro, mas ele, quebrado por dentro.

Aos poucos, João começou a se afastar. Primeiro foram as conversas – ele respondia com monossílabos, evitando qualquer assunto que pudesse trazer à tona a dor que insistia em se alojar em seu peito. Depois, vieram as recusas aos convites dos amigos, que tentavam distraí-lo com encontros casuais, mas que, para ele, pareciam vazios e sem propósito. Por fim, até mesmo sua família, que sempre fora seu alicerce, passou a ser mantida à distância. Ele sabia que todos estavam preocupados, via a preocupação nos olhares e ouvia o cuidado nas palavras, mas nada disso parecia alcançar o abismo em que ele havia mergulhado.

No fundo, João acreditava que ninguém poderia entender o que ele sentia. Como poderiam? Por mais que tentassem, por mais que tivessem empatia, ninguém jamais poderia sentir a exata dor de perder alguém que era parte essencial de sua vida. A ausência da irmã não era algo que se explicava com palavras – era um vazio que ecoava em tudo, um silêncio pesado que o acompanhava aonde fosse.

Então, ele se fechou. Evitava falar sobre o assunto, como se ignorá-lo fosse torná-lo menos real. Recusava os abraços reconfortantes, pois temia que, ao aceitar o carinho, sua dor se tornasse incontrolável. Preferia o silêncio ao esforço de fingir que estava bem.

O luto ergueu um muro invisível ao seu redor, separando-o do mundo, isolando-o em uma solidão que, ao mesmo tempo que doía, parecia ser o único lugar seguro.

Ele não sabia como – ou se um dia conseguiria – atravessar essa barreira. Tudo que restava era a dor, silenciosa e implacável, tornando cada dia um desafio que ele não tinha certeza se conseguiria enfrentar.

O Luto e a Sensação de Imobilidade

Muitas pessoas em luto entram em um estado de pausa emocional, uma espécie de suspensão no tempo, onde tudo ao redor parece continuar se movendo, menos elas. Os dias passam, as estações mudam, o mundo segue seu curso, mas, para quem sofre, é como se estivesse preso no exato momento da perda, incapaz de enxergar um caminho adiante. O futuro, que antes parecia natural, agora é uma incógnita assustadora – como seguir sem aquela pessoa que era parte essencial da vida?

Esse bloqueio acontece porque a mente enlutada se recusa a aceitar a nova realidade. Há um choque profundo entre a memória de um passado onde aquela pessoa estava presente e a dolorosa constatação de que ela não fará parte do futuro. Cada lembrança se torna uma âncora, puxando a pessoa de volta para o que foi, enquanto a simples ideia de seguir em frente parece uma traição àqueles que partiram.

O coração se apega ao que existiu, enquanto a dor insiste em lembrar do que foi perdido. E assim, muitos ficam presos nesse limbo emocional, onde revivem constantemente os momentos compartilhados, mas não conseguem dar o primeiro passo para construir novos. Não porque não queiram, mas porque, no fundo, ainda não sabem como existir em um mundo que agora parece incompleto.

Exemplo real:

Carlos perdeu sua esposa de forma repentina, e, mesmo após um ano, o quarto dela permanecia exatamente como no dia em que ela partiu. As roupas ainda estavam no armário, o perfume repousava sobre a cômoda, os livros continuavam na mesma posição em que ela os deixara. Ele evitava entrar naquele espaço, mas também não permitia que ninguém tocasse em nada. Para ele, cada objeto carregava a presença dela, cada detalhe preservado era uma forma de mantê-la viva, mesmo que apenas em lembranças.

A simples ideia de mover algo, de reorganizar aquele ambiente, parecia um ato de traição. Ele temia que, ao desfazer o que restava de sua esposa no mundo físico, estivesse, de alguma forma, apagando-a de sua própria história. Assim, Carlos ficou preso no tempo, vivendo em um presente que ainda era moldado pelo passado.

Esse tipo de imobilidade emocional é um dos sinais do luto prolongado. Quando a dor da perda impede a pessoa de seguir adiante, cada tentativa de mudança se torna insuportável, pois representa a aceitação da ausência definitiva. O mundo segue seu curso, mas, para quem sofre, tudo continua parado no momento exato em que a despedida aconteceu.

Como Enfrentar a Tristeza e o Desamparo

Embora o luto seja uma resposta natural à perda, ele pode se tornar uma jornada extremamente difícil, onde as emoções parecem sobrecarregar e dominar, tornando cada dia um desafio. Embora a dor seja inevitável, existem formas de amenizar esse sofrimento e evitar que ele se transforme em um fardo paralisante, que impeça a pessoa de viver o presente e de olhar para o futuro. O processo de luto, quando enfrentado com paciência e apoio, pode se tornar uma oportunidade de transformação e crescimento emocional.

Algumas estratégias podem ajudar nesse processo de cura, permitindo que a pessoa dê pequenos passos em direção à aceitação da nova realidade e ao alívio da dor. Entre elas, a primeira e mais essencial é a aceitação da dor.

Aceitar a tristeza: Muitas vezes, há uma pressão silenciosa para se mostrar forte o tempo todo, para seguir em frente com um sorriso no rosto e esconder as lágrimas. No entanto, o luto não é algo que pode ser superado com pressa ou disfarçado. A dor da perda é profunda e, ao tentar ignorá-la ou reprimi-la, podemos acabar prolongando o sofrimento. Aceitar a tristeza significa permitir-se sentir, sem julgamentos ou pressões externas. É entender que está tudo bem não estar bem o tempo todo, e que a vulnerabilidade não é um sinal de fraqueza, mas de autenticidade.

Em vez de lutar contra a dor, é importante acolher as emoções que surgem, seja a tristeza avassaladora, a raiva, o medo ou a sensação de vazio. Muitas pessoas que estão em luto tentam ser "fortes" por suas famílias ou amigos, mas, na verdade, a verdadeira força vem de ser honesto consigo mesmo e dar permissão para chorar, para expressar o que está no coração, mesmo que isso pareça desconfortável ou difícil. Esse processo de externalizar os sentimentos, seja através de palavras, de um diário, de uma conversa com alguém de confiança ou até mesmo em momentos solitários de reflexão, é um passo essencial para a cura.

A tristeza, por mais dolorosa que seja, é uma resposta natural e válida à perda, e não há vergonha em senti-la. Ela é a forma do coração processar e transformar a dor. Ao aceitar o sofrimento, e ao permitir-se vivenciá-lo sem pressa de seguir em frente, a pessoa começa a construir um espaço para a cura e, eventualmente, para a aceitação da nova realidade que a vida apresenta.

Falar sobre a perda: O luto pode ser um caminho solitário, mas não precisa ser percorrido sozinho. Expressar a dor em palavras – seja conversando com amigos, familiares ou um terapeuta – pode aliviar o peso que o coração carrega. Muitas vezes, o simples ato de verbalizar os sentimentos ajuda a organizar os pensamentos e a trazer um pouco de clareza em meio ao turbilhão de emoções.

Por exemplo, Júlia perdeu a mãe e, nos primeiros meses, evitava falar sobre isso. Sempre que alguém mencionava o nome dela, Júlia mudava de assunto ou sorria, fingindo que estava tudo bem. No entanto, por dentro, sentia-se sufocada pela dor. Até que um dia, ao visitar sua tia, que também estava de luto, as duas começaram a relembrar histórias antigas. No começo, as palavras saíam com dificuldade, entre lágrimas e pausas longas. Mas, conforme conversavam, Júlia sentiu um alívio inesperado. Falar sobre sua mãe, lembrar-se dos momentos felizes e compartilhar suas dores fez com que se sentisse menos sozinha.

Nem sempre é fácil encontrar as palavras certas, e muitas pessoas têm medo de trazer à tona a dor da perda. Mas, na verdade, falar sobre quem partiu é uma forma de honrar sua memória e manter sua presença viva no coração. Seja desabafando com alguém próximo, escrevendo em um diário ou até mesmo buscando a ajuda de um profissional, compartilhar a dor pode ser um grande passo para a cura.

O silêncio pode parecer uma proteção, mas é na troca de palavras e lembranças que a saudade se transforma em algo mais leve, algo que pode ser carregado sem tanto sofrimento.

Evitar o isolamento: Quando se está em luto, é natural sentir vontade de se afastar do mundo. Muitas vezes, a dor parece tão grande que qualquer interação social parece desgastante. No entanto, permanecer isolado pode tornar o processo ainda mais difícil. Manter contato com pessoas queridas, mesmo quando não há vontade, pode ser um passo essencial para encontrar apoio e conforto.

Por exemplo, Lucas perdeu seu irmão mais novo e, desde então, recusava convites para sair. Parou de responder mensagens no grupo da família e evitava encontros com amigos. Ele sentia que ninguém poderia entender sua dor e que estar em meio a outras pessoas só aumentaria seu sofrimento. Mas, um dia, sua melhor amiga insistiu para que ele a encontrasse para um café. Relutante, ele aceitou. No começo, o encontro foi difícil – Lucas se sentia deslocado, como se estivesse em um mundo diferente do resto das pessoas. Mas, conforme a conversa fluía, ele percebeu que não precisava fingir estar bem. Sua amiga não tentou minimizar sua dor nem mudar de assunto; apenas esteve ali, presente, ouvindo.

A partir daquele dia, Lucas começou a aceitar outros convites, mesmo quando não sentia vontade. Aos poucos, percebeu que estar cercado por pessoas que se importavam com ele não fazia sua dor desaparecer, mas tornava o peso um pouco mais suportável. O isolamento pode parecer uma forma de proteção, mas, na verdade, é no contato com aqueles que nos amam que encontramos força para continuar. Não é preciso forçar sorrisos ou esconder as lágrimas – o importante é não se fechar completamente para o mundo. Pequenos passos, como uma conversa ao telefone, uma caminhada com um amigo ou um jantar em família, podem fazer toda a diferença no caminho da superação.

Criar rituais de despedida: O luto não é apenas sobre sentir a dor da ausência, mas também sobre encontrar maneiras de ressignificá-la. Criar rituais de despedida pode ajudar a transformar a saudade em algo mais leve e acolhedor. Pequenos gestos, como escrever cartas, fazer homenagens ou preservar lembranças boas, podem trazer conforto e manter viva a conexão com quem partiu.

Por exemplo, Clara perdeu sua avó, que sempre foi sua maior inspiração. Nos primeiros meses, sentia-se perdida, como se um pedaço essencial de sua vida tivesse sido arrancado. Mas um dia, ao arrumar um baú antigo, encontrou uma caixa com receitas escritas à mão pela avó. Em vez de deixar o luto consumi-la, Clara decidiu cozinhar uma dessas receitas toda semana, como uma forma de manter viva a memória da avó. Cada cheiro que tomava conta da cozinha, cada sabor que recordava a infância, trazia um conforto inesperado – como se, de alguma forma, sua avó ainda estivesse ali.

Outro exemplo é Pedro, que perdeu seu melhor amigo em um acidente. Sentindo-se incapaz de seguir em frente, decidiu escrever cartas para ele sempre que sentia saudade. No início, as palavras eram carregadas de tristeza e dor, mas, aos poucos, Pedro começou a falar sobre as coisas boas que estavam acontecendo, sobre as lembranças felizes que compartilhavam. A escrita se tornou uma forma de diálogo, um espaço onde podia expressar tudo o que sentia, sem medo de esquecer os momentos especiais que viveram juntos.

Rituais como esses ajudam a lidar com a dor sem precisar apagá-la. Acender uma vela, visitar um lugar especial, criar um álbum de fotos, plantar uma árvore em homenagem ou até mesmo ouvir uma música que simbolize a pessoa que se foi – tudo isso pode ser uma maneira de manter o amor vivo, mesmo na ausência. O importante não é deixar de sentir saudade, mas sim aprender a carregá-la de um jeito que aqueça o coração, em vez de pesá-lo.

Cuidar do corpo e da mente: Durante o luto, é comum que a pessoa se descuide, perdendo o apetite, o sono e até a motivação para realizar atividades básicas do dia a dia. No entanto, manter hábitos saudáveis pode fazer uma grande diferença, ajudando a evitar que a tristeza se transforme em algo ainda mais profundo, como a depressão. Pequenas ações, como alimentar-se bem, praticar exercícios e reservar momentos de relaxamento, podem trazer um pouco de equilíbrio em meio à dor.

Por exemplo, Ana perdeu sua mãe e, nos meses seguintes, mal conseguia comer. Sentia que a comida não tinha gosto, e o simples ato de preparar uma refeição a fazia lembrar das refeições em família.

Com o tempo, começou a sentir-se fraca e sem energia para enfrentar o dia. Foi só quando uma amiga passou a levá-la para almoçar que percebeu o quanto estava se descuidando.

Aos poucos, começou a se alimentar melhor e percebeu que isso também ajudava a melhorar sua disposição emocional.

Já Ricardo, após a perda do pai, deixou de lado sua rotina de caminhadas matinais. Antes, esse era um momento de paz e reflexão, mas agora tudo parecia sem sentido. No entanto, um dia, decidiu dar uma chance e saiu para uma caminhada sem compromisso. O ar fresco, o movimento do corpo e até mesmo os pequenos sons da natureza trouxeram uma sensação leve, quase esquecida. Aos poucos, retomou sua rotina e percebeu que o exercício não apenas ajudava a aliviar a tensão, mas também clareava sua mente e lhe dava mais energia para enfrentar os desafios do luto.

Além da alimentação e do exercício, momentos de relaxamento também são essenciais. Coisas simples, como tomar um banho quente, ler um livro, ouvir uma música tranquila ou praticar meditação, podem ajudar a aliviar a ansiedade e proporcionar um pouco de alívio emocional. O luto é um processo difícil, mas cuidar do corpo e da mente pode ajudar a tornar essa jornada menos pesada. Não se trata de ignorar a dor, mas de encontrar maneiras de atravessá-la sem se perder completamente no sofrimento.

Buscar ajuda profissional se necessário: O luto é um processo natural, mas em alguns casos, a dor pode se tornar avassaladora, interferindo na vida cotidiana de forma profunda e prolongada. Quando a tristeza se torna insuportável e começa a afetar o trabalho, os relacionamentos e a saúde, procurar ajuda profissional pode ser essencial para reencontrar o equilíbrio emocional.

Muitas pessoas hesitam em buscar terapia, acreditando que devem enfrentar a dor sozinhas ou que o tempo, por si só, será suficiente para curar suas feridas. No entanto, um profissional capacitado pode ajudar a lidar com o luto de maneira saudável, oferecendo apoio, estratégias e um espaço seguro para expressar as emoções sem medo de julgamento.

Por exemplo, Mariana perdeu o marido de forma repentina e, nos meses seguintes, não conseguia mais sair de casa. Simples atividades, como ir ao mercado ou atender uma ligação, pareciam esmagadoras.

Ela se afastou dos amigos, negligenciou o trabalho e começou a sentir que a vida havia perdido completamente o sentido. Quando sua irmã sugeriu que ela procurasse um terapeuta, Mariana relutou, mas, após algumas sessões, percebeu o quanto precisava daquele apoio.

Com o tempo, aprendeu a lidar com a dor sem se afundar nela, encontrando pequenas formas de retomar a vida sem se sentir culpada por seguir em frente.

Já Paulo, após perder a mãe, começou a ter crises de ansiedade. Qualquer pequeno problema se tornava um peso insuportável, e ele sentia que não tinha mais controle sobre suas emoções. A insônia, a falta de apetite e os pensamentos constantes sobre a perda começaram a afetar sua saúde e seu desempenho no trabalho. Um amigo o incentivou a procurar um psicólogo, e foi na terapia que ele encontrou ferramentas para entender seu luto, reorganizar seus pensamentos e aprender a conviver com a saudade sem que ela dominasse sua vida.

Procurar ajuda não é sinal de fraqueza, mas de coragem. O luto pode ser um caminho solitário, mas não precisa ser percorrido sozinho. Um terapeuta pode ser um grande aliado para transformar a dor em algo mais leve, ajudando a pessoa a reencontrar sentido na vida sem apagar a importância de quem partiu.

Frase de reflexão:
"O luto não é sobre esquecer, mas sobre aprender a viver com a saudade de forma saudável."

O luto é uma jornada dolorosa e única para cada pessoa. A tristeza, o desamparo e a sensação de vazio são sentimentos legítimos, que não devem ser ignorados ou minimizados. Perder alguém especial transforma completamente a vida, deixando marcas profundas que, no início, parecem impossíveis de cicatrizar. O mundo continua girando, mas para quem sofre, tudo parece ter parado no instante da perda.

No entanto, com o tempo, com apoio e com pequenas doses de coragem a cada dia, é possível aprender a seguir em frente. Não se trata de esquecer, pois o amor e as lembranças sempre permanecerão vivos. Trata-se de encontrar uma nova maneira de viver com a ausência, de permitir-se sentir saudade sem que ela se torne um peso insuportável.

Se você está passando por esse momento difícil, saiba que sua dor é compreensível e que você não precisa enfrentá-la sozinho. Apoie-se em quem está ao seu redor, busque ajuda quando necessário e, acima de tudo, respeite seu próprio tempo.

A dor pode parecer eterna, mas aos poucos, a vida encontra um jeito de florescer novamente. E, quando menos esperar, você perceberá que a força que um dia achou ter perdido sempre esteve dentro de você.

Como Enfrentar a Culpa e o Arrependimento

O luto muitas vezes vem acompanhado por um turbilhão de sentimentos, e entre eles, a culpa e o arrependimento podem ser os mais difíceis de suportar. Pensamentos como "Eu deveria ter passado mais tempo ao lado dele", "Poderia ter dito mais vezes o quanto o amava" ou "Se eu tivesse feito algo diferente, talvez as coisas fossem outras" tornam-se frequentes, gerando um peso emocional imenso.

Esse tipo de culpa é natural, pois quando perdemos alguém, nossa mente revisita o passado em busca de momentos que poderiam ter sido diferentes. É uma tentativa de encontrar explicações ou de tentar "consertar" algo que já não pode ser mudado. No entanto, carregar essa culpa apenas prolonga a dor e impede que o processo de aceitação aconteça.

Uma maneira de enfrentar esses sentimentos é entender que ninguém é perfeito. Todos cometemos erros, deixamos coisas por dizer ou por fazer, mas isso não significa que não amávamos a pessoa. O amor não é medido por um último gesto ou por palavras não ditas, mas sim pelo conjunto de momentos compartilhados ao longo da vida.

Outra estratégia é transformar o arrependimento em aprendizado. Se sente que não demonstrou o suficiente para alguém que já se foi, use isso para fortalecer seus laços com as pessoas que ainda estão ao seu lado. Aproveite o presente para dizer o que sente, para estar mais presente, para amar sem reservas.

Além disso, escrever uma carta para quem partiu pode ser uma forma simbólica de expressar tudo o que ficou guardado. Esse gesto ajuda a aliviar o peso da culpa e a encontrar um pouco de paz interior.

Lembre-se: o luto não deve ser uma prisão. Honrar a memória de quem se foi não significa se prender ao sofrimento, mas sim continuar vivendo de uma maneira que faça jus ao amor que compartilharam.

O luto desperta uma avalanche de emoções, e entre elas, a raiva pode surgir de maneira intensa e inesperada. Algumas pessoas sentem raiva da vida, de Deus, dos médicos que não conseguiram salvar o ente querido, ou até mesmo da pessoa que partiu, como se, de alguma forma, ela tivesse escolhido ir embora. Esse sentimento pode parecer irracional, mas é mais comum do que se imagina.

A raiva, muitas vezes, é uma reação inconsciente à dor. Quando a perda parece injusta ou inesperada, o cérebro busca um culpado para aliviar o sofrimento. Pode ser revoltante aceitar que não há nada que poderia ter sido feito para mudar o desfecho, e isso gera um sentimento de impotência que se transforma em fúria.

No entanto, manter essa raiva por muito tempo pode ser desgastante e prejudicial. Guardar rancor contra a vida ou contra pessoas que, na verdade, também estavam tentando lidar com a situação da melhor forma possível, apenas prolonga o sofrimento.

Uma maneira de lidar com esse sentimento é permitir-se senti-lo sem culpa. Reconheça que a raiva faz parte do processo de luto, mas tente compreendê-la: O que exatamente está me causando essa revolta? É o fato de não ter tido tempo suficiente? É a sensação de impotência? Identificar a raiz do sentimento pode ajudar a transformá-lo em algo mais construtivo.

Praticar atividades que ajudem a liberar essa energia acumulada, como esportes, escrita ou até mesmo conversas sinceras com amigos ou um terapeuta, pode fazer diferença. A raiva reprimida se torna um fardo, mas a raiva expressada de forma saudável pode ser um caminho para a cura. Com o tempo, é possível perceber que a revolta não traz a pessoa de volta, mas o amor e as lembranças que ficaram podem servir como um alívio.

A vida nem sempre faz sentido, mas seguir em frente, honrando a memória de quem partiu, pode ser a melhor resposta para a dor.

A perda de alguém querido não traz apenas a dor da ausência, mas também pode gerar um profundo sentimento de insegurança e incerteza sobre o futuro. Quando a pessoa falecida era um pilar emocional, financeiro ou familiar essencial, a sensação de desamparo pode ser avassaladora.

Muitas perguntas começam a surgir na mente de quem ficou: Como seguir em frente sem essa pessoa? Quem estará ao meu lado nos momentos difíceis? Como enfrentarei os desafios que antes enfrentávamos juntos? Essas dúvidas alimentam a ansiedade, tornando cada pequeno passo para o futuro uma grande batalha.

O medo do desconhecido é natural, pois a vida, que antes parecia ter uma estrutura estável, agora parece instável e imprevisível. Quando a pessoa falecida era o provedor da casa, as preocupações financeiras podem se tornar um peso adicional. Se era um companheiro de vida, a solidão pode parecer insuportável. Se era um pai ou mãe, o mundo pode parecer assustador e sem direção.

Nesses momentos, é importante lembrar que o luto não exige respostas imediatas. Não é necessário ter todas as soluções de uma vez. O futuro pode parecer incerto agora, mas aos poucos, novos caminhos vão surgindo.

Uma forma de lidar com essa ansiedade é focar no presente, dando um passo de cada vez. Buscar apoio em amigos, familiares ou grupos de suporte pode trazer conforto. Além disso, estabelecer pequenas rotinas ajuda a criar uma sensação de estabilidade em meio ao caos emocional.

Se o medo e a ansiedade estiverem impedindo a pessoa de seguir com sua vida cotidiana, procurar ajuda profissional pode ser essencial. Terapia, técnicas de respiração, exercícios físicos e até mesmo escrever sobre os sentimentos podem aliviar a angústia e trazer mais clareza sobre os próximos passos.

A ausência de quem partiu sempre será sentida, mas a vida continua. E, aos poucos, é possível reconstruir um novo caminho – diferente, mas ainda cheio de possibilidades.

O luto, além da dor emocional, pode trazer consigo um profundo sentimento de desconexão com o mundo. Muitas pessoas enlutadas acabam se afastando dos outros, seja porque sentem que ninguém será capaz de compreender sua dor, seja porque não querem sobrecarregar os outros com seu sofrimento.

Esse isolamento, no início, pode parecer necessário. Enfrentar conversas triviais, ver a vida seguir normalmente para os outros ou ouvir palavras de consolo que parecem vazias pode ser angustiante. O simples ato de sair de casa, encontrar amigos ou até mesmo responder mensagens pode se tornar um esforço imenso.

No entanto, quando esse afastamento se prolonga, ele pode se transformar em uma prisão invisível. A solidão, que no começo parecia um refúgio, pode se tornar um peso ainda maior, intensificando a tristeza e a sensação de vazio. O mundo continua girando, mas o enlutado pode sentir que ficou parado no tempo, preso na ausência de quem se foi.

É importante lembrar que, mesmo que ninguém possa substituir a pessoa que partiu, a presença de amigos e familiares pode trazer conforto. Conversar, compartilhar lembranças ou simplesmente estar ao lado de alguém pode aliviar o peso do luto. O apoio emocional não precisa vir em palavras grandiosas – às vezes, um abraço silencioso ou uma companhia tranquila são suficientes para lembrar que não estamos sozinhos.

Dar pequenos passos para retomar o contato com o mundo pode ajudar a quebrar essa barreira. Pode começar com uma ligação para um amigo, um café fora de casa ou até mesmo uma caminhada ao ar livre. A dor não desaparece de imediato, mas a conexão com outras pessoas pode trazer novos significados e pequenos momentos de alívio em meio ao sofrimento.

Se a solidão se tornar um ciclo difícil de quebrar, buscar ajuda profissional também pode ser um caminho. Grupos de apoio, terapia e até atividades em comunidade podem ajudar a reconstruir laços e trazer um novo sentido à vida, mesmo após a perda. Afinal, a presença daqueles que amamos nunca desaparece completamente – ela se transforma e continua viva em cada lembrança compartilhada.

Fim de Relacionamentos (Separação ou Divórcio)

O término de um relacionamento, seja ele um namoro longo, uma união estável ou um casamento, pode ser uma das experiências mais dolorosas da vida. Além da ausência física da pessoa, há um vazio emocional que pode ser difícil de preencher.

Muitas vezes, a separação traz consigo um turbilhão de sentimentos conflitantes: rejeição, tristeza, culpa, raiva, sensação de fracasso e até mesmo medo do futuro. É como se tudo que foi construído – sonhos, planos, momentos compartilhados – desmoronasse de uma vez. O lar pode parecer estranho, músicas e lugares antes especiais podem se tornar dolorosos, e até mesmo as pequenas rotinas diárias podem trazer lembranças difíceis de lidar.

Além disso, a autoestima pode ser profundamente afetada, principalmente se o término não foi uma decisão mútua. Perguntas como "O que eu fiz de errado?", "Será que eu não fui suficiente?" ou "Será que encontrarei alguém de novo?" podem surgir alimentando a insegurança e a dúvida sobre o próprio valor.

A solidão também pode ser avassaladora. Aquela pessoa que antes fazia parte do dia a dia, das conversas, das decisões e até dos momentos mais banais, de repente não está mais ali. Amigos em comum podem se afastar, a rotina social pode mudar, e o medo de recomeçar pode parecer assustador.

No entanto, apesar da dor inicial, é possível transformar essa experiência em um recomeço. O fim de um relacionamento não define o valor de uma pessoa, nem significa que o amor não pode ser vivido novamente. Com o tempo, muitas pessoas descobrem novas paixões, retomam hobbies esquecidos, fortalecem laços com amigos e familiares e aprendem a se redescobrir fora da relação.

Buscar apoio emocional, seja com amigos, familiares ou terapia, pode ajudar a ressignificar a dor. Permitir-se sentir, mas também dar pequenos passos para reconstruir a própria vida, é essencial. Afinal, o fim de uma história não significa o fim da felicidade – apenas a chance de escrever um novo capítulo.

Às vezes, a vida nos surpreende com situações adversas que nos atingem de maneira inesperada, roubando nosso chão e nos deixando à mercê de sentimentos avassaladores. São momentos que jamais imaginamos enfrentar, mas que, de repente, tornam-se nossa realidade.

O mais difícil em tudo isso é que raramente estamos preparados para lidar com essas dores, e a falta de controle sobre os acontecimentos pode nos fazer sentir pequenos, impotentes, à beira do colapso.

É como assistir, sem poder fazer nada, ao desmoronamento de um castelo que construímos com tanto esforço. Tijolo por tijolo, sonho por sonho, noite após noite sem dormir, dedicamos tempo, amor e esperança a algo que, de repente, desaba diante de nossos olhos. A frustração pesa nos ombros, tornando os dias longos e difíceis de atravessar. O cansaço emocional se acumula, e a sensação de injustiça pode nos consumir: "Por que comigo? Por que agora?"

O peso das perdas, das expectativas não concretizadas e das batalhas travadas sem vitória pode ser esmagador. Mas, por mais que pareça impossível naquele momento, a vida sempre oferece novas possibilidades. Entre os escombros do que se perdeu, ainda há espaço para reconstrução, para novos sonhos e recomeços inesperados. Mesmo quando tudo parece perdido, há sempre um caminho que, aos poucos, nos leva de volta à luz.

E esse peso pode ser tão avassalador que, por mais que tentemos, nem sempre conseguimos nos reerguer sozinhos. É como se estivéssemos presos sob uma montanha invisível, esmagados por dores, decepções e medos que parecem crescer a cada dia. Cada passo se torna um esforço, cada pensamento é invadido por dúvidas e inseguranças, e, pouco a pouco, a vontade de seguir em frente vai se esvaindo.

A tristeza se instala de forma silenciosa, consumindo o que antes nos dava prazer. O mundo perde as cores, as risadas soam distantes e até o simples ato de respirar se torna um desafio. Sentimos o chão desaparecer sob nossos pés, como se estivéssemos afundando em um abismo do qual não há saída. A alma adoece, o corpo sente o impacto e, sem perceber, nos afastamos da vida, como se ela já não nos pertencesse mais.

É nesse momento que mais precisamos de apoio, de um olhar compreensivo, de uma mão estendida que nos lembre que ainda há um caminho para seguir.

Porque, mesmo quando tudo parece perdido, sempre há uma chance de reconstrução, sempre há um novo amanhecer esperando para trazer um pouco de luz à escuridão.

Você já viveu algo que destruiu tudo o que você acreditava? Já enfrentou uma situação tão avassaladora que sentiu seus sonhos serem arrancados de você, deixando apenas um vazio impossível de preencher?

Eu passei por isso. E posso dizer, sem medo de errar, que foi a fase mais difícil da minha vida. Não foram apenas dias ruins, foram batalhas diárias – e o pior inimigo não era o mundo lá fora, mas eu mesmo. A cada novo amanhecer, parecia que eu estava travando uma guerra contra meus próprios pensamentos, minhas dores e meu desespero. E, por mais que tentasse resistir, a sensação era sempre a mesma: eu estava perdendo.

Perdendo para o cansaço, para o medo, para a tristeza que me consumia pouco a pouco. Perdendo minha força, minha clareza, minha vontade de seguir em frente. Até que, em um determinado momento, percebi que tinha chegado ao fundo do poço. Era um buraco tão profundo que me faltava ar, faltava luz, faltava qualquer faísca de esperança.

Voltar a sonhar parecia impossível. Voltar a sentir alegria, impensável. A vida, antes cheia de possibilidades, havia se tornado um fardo pesado demais para carregar. Eu me olhava no espelho e não me reconhecia mais. Meu propósito havia desaparecido, e junto com ele, minha vontade de viver.

Foi um longo caminho até encontrar uma saída. Até perceber que, mesmo quando tudo parece perdido, ainda existe uma chance de recomeçar. Mas naquele momento, tudo o que eu conseguia sentir era o peso esmagador de uma dor que parecia não ter fim.

No auge dos meus 35 anos, eu deveria estar no meu melhor momento. Meu nome já era reconhecido na minha cidade, minha carreira como fotógrafo estava consolidada, e havia muitos projetos em andamento. Mas, por dentro, eu me sentia exatamente o oposto do que qualquer pessoa poderia imaginar. A sensação de derrota me consumia. Eu me via como um fracasso, alguém sem valor, um zero à esquerda. Algo dentro de mim havia se quebrado, e, por mais que tentasse, não conseguia encontrar forças para me recompor.

Sair na rua se tornou um desafio. Olhar nos olhos das pessoas parecia impossível, como se todos pudessem enxergar a tempestade que eu carregava por dentro. Cada compromisso que antes me empolgava agora era um peso, e até mesmo a fotografia – que sempre foi minha paixão – começou a perder o sentido. Tudo parecia pesado demais.

É por isso que estou escrevendo este livro. Não apenas para contar a minha história, mas para estender a mão a quem precisa.

Quero que essas palavras alcancem aqueles que estão enfrentando seus próprios abismos, aqueles que, assim como eu, já sentiram o peso insuportável da dor e da desesperança. Espero que este livro seja um refúgio, uma luz no fim do túnel, um lembrete de que é possível superar, recomeçar e transformar a dor em aprendizado. Que um dia, ao olharem para trás, essas cicatrizes sejam apenas marcas de um passado que não tem mais poder para machucá-los.

Durante 35 anos da minha vida, vi pessoas sendo consumidas por uma tristeza tão profunda que, muitas vezes, era diagnosticada como depressão. Eu ouvia histórias de pessoas que, apesar de terem tudo para serem felizes, pareciam afundar em um abismo de dor e desespero. Para ser sincero, eu nunca entendi isso de verdade. Sempre achei que era exagero, falta do que fazer, um problema criado pela própria mente.

Eu acreditava que bastava ter força de vontade, ocupar a cabeça, seguir em frente. Achava que quem dizia estar deprimido só precisava "pensar positivo" e "agradecer pelo que tinha". Via a depressão como uma fraqueza, como se fosse algo que só afetava quem não sabia lidar com os desafios da vida. Era fácil julgar, porque eu nunca havia sentido na pele o que era ser tragado por essa escuridão.

Mas a vida tem formas inesperadas, e muitas vezes cruéis, de nos ensinar aquilo que insistimos em não enxergar. Quando chegou a minha vez, quando me vi sem forças até para levantar da cama, sem vontade de fazer aquilo que sempre me deu prazer, percebi que a tristeza profunda não era frescura. Era uma prisão invisível, um peso esmagador que parecia não ter fim. E então, eu entendi.

Até que, um dia, fui eu quem caiu nessa tristeza profunda. E quando ela me atingiu, não foi como uma chuva passageira que molha, incomoda e depois vai embora. Foi como uma tempestade avassaladora, que me arrancou do chão e me deixou à deriva, sem controle, sem rumo. Não houve aviso, não houve tempo para me preparar. Simplesmente aconteceu.

A dor foi tão intensa que me derrubou de uma forma que nunca imaginei ser possível. Não houve luta, porque eu sequer tive forças para resistir. Minha vontade se esvaiu, como areia escorrendo por entre os dedos.

Meus sonhos, que antes eram combustível para seguir em frente, tornaram-se apenas lembranças distantes de uma versão de mim que parecia não existir mais.

O que restou foram apenas lágrimas – silenciosas no começo, depois desesperadas. Lágrimas que eu nem sabia que tinha dentro de mim.

Eu me sentia esgotado, como se cada parte do meu ser estivesse drenada. Até mesmo respirar parecia exigir uma força que eu já não tinha. E foi nesse momento, no fundo desse abismo, que percebi que algo dentro de mim estava se partindo. Eu só não sabia ainda se conseguiria juntar os pedaços.

Minha mente se tornou um campo de batalha, onde o inimigo era eu mesmo. Eram 24 horas por dia sendo atormentado pelos meus próprios pensamentos, que me arrastavam para um labirinto sem saída. Cada lembrança se tornava um filme repetido na minha cabeça, cenas que eu não conseguia pausar, momentos que voltavam como fantasmas para me assombrar.

Eu relembrava conversas, revivia situações, refazia escolhas que já não podiam ser mudadas. "E se eu tivesse feito diferente?" "E se eu tivesse dito outra coisa?" "E se eu tivesse percebido antes?" Eram perguntas sem resposta, mas que insistiam em ecoar dentro de mim, me consumindo pouco a pouco.

Era como se minha mente não aceitasse o presente, então me prendia em um passado que eu não poderia alterar. Eu me via preso em ciclos intermináveis de culpa, arrependimento e frustração. Cada pensamento era uma faca cravada mais fundo, e quanto mais eu tentava encontrar um motivo ou uma explicação, mais eu me afundava.

O tempo passava, mas dentro de mim tudo parecia congelado. Eu não conseguia enxergar um futuro, porque estava preso ao passado, buscando desesperadamente um desfecho diferente para uma história que já havia sido escrita.

Fui arrastado para um turbilhão de pensamentos incontroláveis. Eles não me davam trégua, me dominavam por completo, como se minha própria mente tivesse se tornado minha pior inimiga.

A cada instante, uma nova acusação surgia, uma nova lembrança distorcida, um novo "e se" que me torturava sem piedade.

De dia, minha cabeça pesava como se carregasse o peso do mundo.

As horas passavam e eu sequer percebia, perdido no caos dos meus próprios pensamentos. De noite, o tormento não cessava. O silêncio, que para muitos é sinônimo de paz, para mim era um grito ensurdecedor.

Meus olhos se fechavam, mas minha mente continuava gritando, revirando memórias, trazendo culpas, criando diálogos que nunca aconteceriam.

Levantar da cama parecia uma missão impossível. Meu corpo pesava, minha vontade havia se esgotado. O simples ato de abrir os olhos era doloroso, como se o mundo lá fora não tivesse mais nada a me oferecer. As lágrimas se tornaram minha única companhia constante, escorrendo silenciosamente enquanto eu tentava encontrar forças onde já não havia mais nada.

E foi nesse estado de total desespero que me agarrei à única coisa que ainda me restava: a oração. Eu não sabia mais o que pedir, nem se ainda havia alguém me ouvindo, mas continuei. Entre soluços e palavras sussurradas, encontrei na fé um fio de esperança, um pequeno refúgio em meio ao caos que me consumia.

Minha mãe, que sempre foi meu porto seguro, observava tudo com um olhar aflito. Ela via seu filho, antes tão cheio de vida e propósito, agora se afundando em um estado que ela não conseguia entender nem alcançar. Sua preocupação estava nos gestos silenciosos – os pratos de comida deixados à porta do quarto, os chamados suaves que eu fingia não ouvir, as tentativas de me convencer a sair, a tomar um pouco de ar, a apenas existir fora daquele espaço sufocante. Mas eu não tinha forças.

A fome deixou de ser uma necessidade e se tornou um detalhe insignificante. A comida esfriava intocada, os copos de água permaneciam cheios. Meu corpo enfraquecia a cada dia, mas eu mal percebia. A dor interna era tão esmagadora que qualquer sofrimento físico parecia pequeno diante dela. O tempo perdeu o sentido. Eu não sabia se era dia ou noite, se estava frio ou calor. Tudo se misturava em uma névoa densa de apatia e tristeza.

Os dias se transformaram em semanas, e as semanas em meses. O mundo seguia em frente, indiferente ao caos dentro de mim. Meu trabalho, que antes era minha paixão, tornou-se um fardo insuportável. Como eu poderia registrar momentos felizes quando dentro de mim só existia vazio?

A câmera pesava em minhas mãos como se fosse feita de pedra. Meus clientes notavam minha mudança – os olhos fundos, o rosto abatido, o sorriso ausente. Eu estava doente, mas não de algo visível. Era algo que me consumia por dentro, silencioso e cruel.

As palavras que saíam da minha boca eram carregadas de lamento. Tudo girava em torno da dor, da culpa, da desesperança. Eu buscava um alívio, mas nada parecia suficiente. Conversas se tornaram raras, e quando aconteciam, eram breves e vazias. Até mesmo minha mãe, com todo o amor e paciência que sempre teve, parecia não saber mais como me alcançar.

Em busca de respostas

Em um momento de desespero, decidi procurar o padre da cidade. Não sabia exatamente o que buscava – talvez uma resposta, talvez um abraço, talvez apenas um lugar onde minha dor fosse compreendida sem questionamentos. Ao entrar na igreja, um frio percorreu meu corpo. O silêncio do templo me envolveu, como se ali o tempo tivesse uma cadência diferente. Meus passos ecoaram pelo chão de pedra, e sentei-me no banco mais próximo.

Fechei os olhos e tentei rezar. As palavras, no entanto, não vinham. Tudo o que consegui foi sentir o peso do que eu carregava no peito. Minhas mãos tremiam. Minhas costas doíam. E, antes que eu pudesse pronunciar qualquer súplica, tudo desabou. As lágrimas, que eu tanto tentei conter, vieram com força, lavando meu rosto em uma torrente silenciosa de dor.

Naquele momento, compreendi que eu não precisava apenas de respostas. Eu precisava ser ouvido.

Eu procurava uma palavra de conforto, algo que pudesse, de alguma forma, amenizar a dor sufocante que me consumia por dentro.

Eu queria ouvir que aquilo tudo passaria, que havia um propósito maior por trás do sofrimento, que a tempestade logo daria lugar a um novo amanhecer. Mas, lá no fundo, acho que o que eu realmente desejava escutar era algo que me devolvesse esperança, algo que me dissesse que ainda havia um caminho de volta, uma chance de recomeço que, naquele momento, parecia impossível.

A verdade, porém, era dura e implacável. Tudo aquilo – aquela avalanche de dor, o desespero que tirava meu sono, a sensação de vazio que me acompanhava como uma sombra – foi desencadeado pelo término de um relacionamento.

Parecia absurdo que algo tão comum pudesse me destruir daquela maneira, mas a realidade é que algumas perdas não são apenas despedidas; elas são rupturas que dilaceram a alma, desmontam os alicerces do que acreditávamos ser sólido e nos deixam à deriva em um mar revolto de incertezas.

Eu esperava que o padre, com sua serenidade e sabedoria, pudesse me oferecer uma luz no meio daquela escuridão. Que ele me dissesse algo que fizesse meu coração desacelerar, que aliviasse aquela angústia incessante. No entanto, sua resposta foi direta e sem rodeios. Ele não demonstrou compaixão excessiva nem tentou adoçar a verdade. Apenas me olhou nos olhos e disse:

— Esqueça essa pessoa. Esqueça essa família. Eles não valem a pena. Não desperdice sua vida lutando por quem não quer estar ao seu lado.

Suas palavras foram um choque. Não era aquilo que eu esperava ouvir, nem o que queria. Parte de mim ainda se agarrava a uma ilusão, ainda desejava encontrar um motivo para insistir, para acreditar que, de alguma forma, tudo poderia ser diferente. Mas ali, naquele momento, fui forçado a encarar o que eu vinha tentando evitar: algumas batalhas simplesmente não valem o esforço de serem travadas.

Confesso que não foi fácil ouvir aquelas palavras. No fundo, eu esperava algo diferente. Queria que ele dissesse que tudo ficaria bem, que me ajudaria de alguma forma, que conversaria com eles ou, pelo menos, colocasse a mão sobre minha cabeça e fizesse uma oração para aliviar o peso que eu carregava no peito. Algo que trouxesse um pouco de luz para a escuridão que me consumia.

Mas nada disso aconteceu. As palavras que saíram da boca do padre foram diretas, cruas e dolorosas. Ele simplesmente disse que eu precisava esquecer aquela pessoa e sua família, que eles não valiam a minha luta. Sua frieza me atingiu como um golpe inesperado, deixando-me ainda mais perdido.

Saí da igreja com passos arrastados, sentindo-me ainda mais vazio do que quando entrei.

O mundo ao meu redor parecia seguir normalmente, mas dentro de mim, tudo estava parado, congelado no sofrimento. O peso das palavras que ouvi se misturava ao turbilhão de pensamentos que não me davam trégua.

Ao chegar em casa, fui direto para o quarto, tranquei a porta e me entreguei ao choro. Não era um choro qualquer, era um lamento silencioso, sufocado, o tipo de dor que se carrega sozinho. Os dias se misturaram uns aos outros, e eu me perdi no tempo, preso dentro da minha própria tristeza, incapaz de enxergar uma saída.

Ninguém é Tão Forte Assim

Depois de meses mergulhado em uma tristeza que parecia não ter fim, surgiu uma oportunidade inesperada de sair, mesmo que por algumas horas, daquele ciclo sufocante. O pastor de uma igreja local entrou em contato comigo para discutir a possibilidade de realizar um serviço fotográfico para a igreja.

Lembro-me claramente daquele dia. O sol da tarde lançava raios dourados sobre a fachada simples da igreja, criando um contraste bonito com o céu azul. Por um breve momento, senti um sopro de normalidade ao me ver fora de casa, respirando um ar que não fosse o da solidão do meu quarto escuro.

Ao chegar, fui recebido de forma calorosa pelo pastor. Ele apertou minha mão com firmeza e me olhou nos olhos com um sorriso sincero. Havia algo em sua expressão que transmitia acolhimento, uma gentileza que eu já não encontrava há tempos. Sem pressa, ele parou o que estava fazendo e pediu que eu o acompanhasse para me mostrar como seria o evento e o que precisavam do meu trabalho.

Dentro da igreja, o ambiente era movimentado. Algumas pessoas trabalhavam na montagem de cenários para as encenações do Natal.

Voluntários carregavam peças de madeira, penduravam tecidos e ajustavam a iluminação. Cada um parecia saber exatamente o que fazer, e havia um senso de propósito no ar. Tudo ali parecia vivo, cheio de cor e significado — um contraste gritante com o vazio que me consumia por dentro.

Observei em silêncio enquanto eles davam forma ao cenário. Pregavam madeiras, ajustavam os detalhes, organizavam os espaços. Não falavam sobre fé o tempo todo, nem tentavam me convencer de nada.

Mas, de alguma forma, o simples fato de estarem ali, ajudando uns aos outros com dedicação e alegria, me fez perceber algo: o mundo ainda acontecia, as pessoas continuavam seguindo em frente. Talvez, em algum momento, eu também pudesse encontrar um caminho de volta.

O pastor era um homem jovem, provavelmente com menos de 35 anos, mais novo do que eu. Até aquele momento, eu não o conhecia pessoalmente. Todo o contato prévio havia sido feito por uma secretária da igreja, que entrou em contato comigo para agendar a reunião. Eu não sabia o que esperar dele, mas, ao chegar, percebi que sua postura era diferente do que eu imaginava.

Com gestos simples e uma fala direta, me conduziu até os fundos da igreja, onde havia uma área aberta e arejada. Sentamos em um banco de madeira um pouco desgastado pelo tempo, mas ainda resistente. O lugar tinha um silêncio sereno, interrompido apenas pelo barulho das vozes ao longe, vindo das pessoas que ainda trabalhavam na montagem dos cenários.

Nossa conversa foi descomplicada, sem rodeios ou cerimônias. Ele me explicou calmamente o que a igreja precisava em relação ao meu trabalho. Falava de forma clara, sem pressa, como quem sabe que cada palavra dita pode fazer a diferença. À medida que ele descrevia os detalhes do serviço, percebi que sua forma de se comunicar era diferente do que eu estava acostumado no meio profissional. Não havia pressão, apenas um diálogo sincero e direto.

Enquanto ele falava, notei algo curioso: mesmo sendo uma conversa de negócios, havia algo mais ali, algo que eu não conseguia definir completamente. Talvez fosse a maneira como ele me tratava, sem julgamentos, sem pressa, como se soubesse que, além do serviço, eu precisava apenas de um momento de normalidade.

Ali, ainda durante a nossa reunião, ele olhou no fundo dos meus olhos com uma expressão séria, mas carregada de ternura.

Sua respiração parecia mais profunda, como se estivesse prestes a dizer algo que pesava em seu coração. Depois de um breve silêncio, ele disse com firmeza:

— Deus me mandou te entregar algo. Por favor, venha até o meu carro.

Suas palavras me pegaram de surpresa. Havia algo diferente no seu tom de voz, algo que me despertou uma curiosidade misturada com um sentimento de respeito e até um leve receio.

Levantei-me e o segui sem hesitar. O ar daquela tarde estava mais fresco do que o normal, e o caminho até o carro, embora curto, parecia carregar um significado especial.

Ao abrir a porta, ele puxou uma pasta cuidadosamente guardada no banco do passageiro. De dentro dela, retirou um papel e, ao me entregar, disse com convicção:

— Durante a nossa conversa, senti algo muito forte em meu coração. Deus falou comigo, e eu não podia ignorar. Ele me disse que, por algum motivo, você precisa participar deste encontro.

Baixei os olhos para o papel em minhas mãos e vi que era uma ficha de inscrição para um encontro de oração chamado Face a Face. Eu já tinha ouvido falar sobre esse evento. Sabia que era um retiro espiritual profundo, um daqueles momentos transformadores em que as pessoas se desconectam completamente do mundo exterior para se encontrarem consigo mesmas e, acima de tudo, com Deus.

O Face a Face (com Deus) era amplamente conhecido no meio evangélico por proporcionar experiências intensas de reflexão, renovação espiritual e cura interior. Durante todo um final de semana, os participantes eram levados a um ambiente de recolhimento total, longe da internet, televisão, rádio e até mesmo de interações sociais desnecessárias.

A jornada começava na sexta-feira à noite, quando todos se reuniam para uma pregação inicial, seguida de um voto de silêncio que se estendia por todo o sábado. Durante esse período, cada pessoa era incentivada a mergulhar profundamente em sua fé, ouvindo apenas a voz de Deus, sem distrações externas. No domingo, após o almoço, o silêncio finalmente se rompia, dando espaço para testemunhos e compartilhamentos emocionantes.

Mas o encontro não era apenas sobre silêncio. Era também um momento de transformação intensa. Durante os dias de retiro, aconteciam pregações impactantes, encenações emocionantes e momentos de oração profunda. Havia também práticas de renúncia e cura interior, onde muitos participantes diziam sentir o peso de fardos antigos sendo aliviados, dando lugar a uma paz que nunca haviam experimentado antes.

Segurei aquela ficha entre os dedos, sentindo seu significado ir além de um simples papel. Algo dentro de mim dizia que aquilo não era uma coincidência.

Levantei o olhar para ele, que me observava com um semblante sereno, como quem já sabia que minha resposta estava se formando antes mesmo que eu pudesse pronunciá-la.

— Eu aceito — disse, com um nó na garganta e o coração acelerado, sentindo que estava prestes a embarcar em algo muito maior do que eu poderia imaginar.

Esse encontro, realizado por aquela igreja, era um evento cuidadosamente planejado para proporcionar uma experiência intensa de fé e transformação. Diferente de uma simples reunião religiosa, era um retiro espiritual completo, onde os participantes se desligavam do cotidiano para mergulhar profundamente em sua espiritualidade.

Para participar, era necessário pagar uma taxa, pois todo o encontro acontecia em um local estruturado para receber os inscritos com conforto e acolhimento. Durante o final de semana, os participantes ficavam alojados em quartos coletivos ou individuais, dependendo da disponibilidade, e tinham à disposição todas as refeições cuidadosamente preparadas para que pudessem focar inteiramente na experiência sem preocupações externas.

Mas o verdadeiro valor do encontro não estava apenas na infraestrutura oferecida. O diferencial era a programação intensa, repleta de pregações impactantes, momentos de oração profunda e oficinas temáticas que levavam os participantes a reflexões sobre suas vidas, suas escolhas e sua relação com Deus.

Cada dinâmica era pensada para tocar o coração de forma única. Algumas oficinas abordavam o perdão e a necessidade de libertação de mágoas do passado; outras guiavam os participantes por momentos de cura interior, incentivando-os a olhar para dentro de si e encontrar respostas para dores que, muitas vezes, carregavam sem perceber.

A atmosfera do encontro era envolvente e transformadora. A cada atividade, os participantes se aprofundavam mais na experiência, passando por momentos de silêncio, oração e reflexão. Não era raro ver lágrimas rolarem em meio às palavras ditas pelos pregadores ou nos instantes de partilha, quando histórias de vida eram reveladas e testemunhos emocionantes eram dados.

Mais do que um simples evento, o Face a Face era um convite à renovação da alma. Muitos entravam naquele encontro sem saber exatamente o que esperar, mas saíam dali diferentes, carregando consigo uma nova perspectiva sobre a vida e sobre sua fé.

No instante em que segurei aquela ficha em minhas mãos, senti um calor diferente invadir meu peito. Era como se um peso antigo, que eu nem sabia que carregava, começasse a se desfazer. As palavras do pastor ainda ecoavam em minha mente, mas meu coração batia tão forte que parecia querer sair do peito.

Sem que eu pudesse controlar, uma lágrima silenciosa escorreu pelo meu rosto. Logo veio outra. E mais outra. Não era tristeza, não era dor... Era algo mais profundo, algo que eu não conseguia explicar. Um misto de alívio, esperança e emoção tomou conta de mim.

Eu não sabia exatamente o que estava acontecendo comigo, mas dentro de mim uma certeza nascia: Deus estava me dando uma nova chance. Uma chance de recomeçar, de encontrar paz, de ser verdadeiramente feliz novamente.

Tentei dizer algo, mas as palavras simplesmente não saíam. Minha voz ficou presa na garganta, sufocada pelo nó que se formava. Olhei para o pastor, meus olhos com muitas lágrimas que rolavam sem que eu pudesse controlar, e tudo que consegui fazer foi apertar a ficha contra o peito em um gesto silencioso de gratidão.

Ele sorriu de leve, como se entendesse tudo sem que eu precisasse dizer uma única palavra. Com um abraço cristão disse baixinho:

— Deus tem algo muito especial para você. Confie.

Aquelas palavras me atingiram como há tempos não era atingido. Fechei os olhos por um instante, respirando fundo, tentando absorver tudo o que estava sentindo. Depois de alguns segundos, enxuguei as lágrimas como pude e, com a voz ainda embargada, consegui murmurar:

— Obrigado… de coração.

Aquele momento parecia simples para quem visse de fora, mas para mim foi como um divisor de águas. Algo dentro de mim havia mudado. E, pela primeira vez em muito tempo, eu sentia que não estava mais sozinho.

O evento estava marcado para acontecer dali a dois meses, em uma cidade vizinha chamada Lins.

A expectativa era grande, pois sabia que aquele não seria um simples final de semana, mas sim uma experiência que poderia transformar minha vida de maneiras que eu ainda não compreendia completamente.

Na sexta-feira, ao final da tarde, um ônibus sairia da igreja levando todos os participantes rumo ao retiro. A viagem não seria longa, mas carregaria consigo uma sensação de despedida temporária do mundo exterior. Durante o percurso, cada um teria tempo para refletir sobre o que os esperava, sobre os motivos que os levaram até ali e sobre a jornada que estavam prestes a iniciar.

O retorno estava previsto para o domingo à noite, mas não seria um simples regresso para casa. Assim que chegassem, os homens que participaram do encontro seriam apresentados no culto da igreja, um momento especial onde poderiam compartilhar, mesmo que em poucas palavras, o impacto daquela experiência em suas vidas. Para muitos, esse instante simbolizava um novo começo, uma renovação da fé e do compromisso com suas famílias, consigo mesmos e com Deus.

Este Face a Face foi um evento voltado totalmente para homens, com um foco especial nos homens casados. A ideia era oferecer um espaço onde pudessem se reconectar com sua essência, refletir sobre sua missão como maridos, pais e líderes dentro de seus lares. Era um tempo de entrega, de cura e de aprendizado, longe das distrações do cotidiano, onde cada um era convidado a olhar para dentro de si e encontrar respostas que, muitas vezes, a correria da vida não permitia enxergar.

O encontro era conduzido por líderes espirituais experientes, homens que já haviam passado pela mesma experiência e sabiam a quão transformadora ela poderia ser. Durante o final de semana, seriam guiados por momentos de oração, pregações profundas e oficinas que abordavam temas essenciais para a vida masculina, como liderança, fidelidade, perdão e a importância de um relacionamento sólido com Deus.

Não era apenas um retiro qualquer. Era um chamado. Um convite divino para parar, refletir e permitir que algo novo nascesse dentro de cada um que aceitasse se entregar de coração. E agora, eu fazia parte disso.

Nos primeiros dias após receber a ficha de inscrição, uma chama de esperança ainda ardia dentro de mim. Era como se, por um momento, eu tivesse vislumbrado uma luz no fim do túnel. Mas, à medida que o tempo foi passando, a realidade sombria que me cercava voltou a se impor. A tristeza, essa velha conhecida, foi se instalando novamente no meu peito, sufocando qualquer resquício de entusiasmo que um dia senti.

As noites se tornaram mais longas, e os dias, vazios. Aquela empolgação inicial foi se dissipando pouco a pouco, como areia escorrendo entre os meus dedos. O que antes parecia um chamado divino agora soava como uma obrigação distante, algo que não fazia mais sentido para mim. Comecei a pensar que talvez aquele encontro não fosse para mim, que eu não merecia essa chance.

A vontade de ir desapareceu por completo. No fundo do meu coração, eu já havia desistido. O que antes parecia um convite para um recomeço agora era apenas um pedaço de papel jogado sobre a mesa, esquecido entre outros papéis sem importância.

O que eu queria de verdade? Ficar em casa. Me isolar. Me esconder do mundo. Trancar a porta do meu quarto, me encolher na cama e deixar as lágrimas correrem livremente. Eu não queria ouvir palavras de conforto, não queria conselhos, não queria promessas de um amanhã melhor. Tudo o que eu queria era chorar até que a dor se acalmasse — se é que um dia isso aconteceria.

Os dias seguiam, e a cada amanhecer, o peso da desistência se tornava mais forte. O Face a Face já não fazia parte dos meus planos. Afinal, como eu poderia encarar um encontro que prometia transformação se, dentro de mim, eu sentia que nada mais poderia ser mudado?

Na tarde de quinta-feira, finalizei meu último atendimento no estúdio fotográfico. Esse era um dos bebês que faziam acompanhamento mensal comigo, e eu já havia registrado muitos momentos especiais do seu crescimento.

Os pais desse bebê eram membros da mesma igreja na qual eu havia recebido a ficha de inscrição para o encontro. Assim que terminei a sessão, me despedi da mãe e das crianças com um sorriso, enquanto os acompanhava até a saída.

Quando abri o portão para me despedir, vi que o marido dela estava dentro do carro, aguardando pacientemente. Ele havia ido buscá-los e parecia tranquilo, observando o movimento ao redor. Assim que me viu, abriu um sorriso largo e saiu do carro com entusiasmo, vindo ao meu encontro.

— Meu irmão! — disse ele, me cumprimentando com alegria. — Que bênção saber que você vai participar do encontro!

Seu tom era animado, cheio de entusiasmo, como se quisesse compartilhar uma grande notícia.

— Vi seu nome na lista dos participantes — continuou. — Cara, que felicidade! Tenho certeza de que esse evento vai ser um divisor de águas na sua vida. Deus tem algo muito especial reservado para você!

Seu olhar brilhava de empolgação, mas eu apenas suspirei. Não queria decepcioná-lo, mas também não via motivo para esconder a verdade. Então, sem rodeios, respondi:

— Na verdade... eu não vou mais.

O sorriso dele diminuiu um pouco, mas ele ainda parecia confiante.

— Como assim? — perguntou, franzindo levemente a testa.

Cruzei os braços, desviando o olhar.

— Eu já desisti. Ganhei a ficha, sim, mas não estou com o coração alinhado para isso. Minha vontade de ir é simplesmente nula.

O silêncio se instalou entre nós por alguns segundos. Eu sabia que ele não esperava essa resposta. Seu semblante mudou, mas, ao invés de decepção, vi compreensão em seus olhos. Ele respirou fundo e assentiu lentamente, como quem enxergava algo além das minhas palavras.

Eu queria encerrar a conversa ali. Para mim, a decisão já estava tomada. Mas o que eu não sabia era que aquele encontro inesperado ainda não havia terminado — e que, de alguma forma, Deus já estava preparando o próximo passo.

O Face a Face era um evento muito esperado na igreja deles, algo que muitos desejavam participar, mas que nem todos conseguiam. E ali estava eu, abrindo mão dessa oportunidade como se fosse algo trivial.

— Sério que você vai desistir? — ele perguntou, ainda tentando compreender minha decisão.

Suspirei e tentei explicar.

— Olha, eu cresci no meio disso tudo. Participei de inúmeros encontros, retiros espirituais, eventos de avivamento. Sei exatamente como funciona. Já fui músico profissional, toquei na igreja durante anos e até acompanhei um padre em turnês pelo Brasil. Para mim, vai ser só mais um encontro... igual a tantos outros que já vivi.

Ele me olhou por um instante, como se ponderasse minhas palavras. Mas, ao invés de insistir ou tentar me convencer com discursos prontos, ele simplesmente ficou ali, ao meu lado. Com toda a paciência do mundo, começou a conversar comigo, sem pressa, sem julgamentos.

Falou sobre Deus, mas de uma forma diferente, sem clichês. Compartilhou suas próprias dificuldades, momentos de dor e superação, lembranças de quando ele mesmo precisou se reencontrar com a fé. Conforme falava, percebi que não era uma conversa superficial. Ele não estava ali apenas para me convencer a ir ao encontro—ele genuinamente se importava.

O tempo foi passando, e eu nem percebi. Ficamos ali, em pé, do lado de fora do portão do meu estúdio, por mais de uma hora. O sol já começava a se pôr, tingindo o céu de tons alaranjados, e a brisa da tarde trazia consigo uma sensação estranha... algo entre conforto e inquietação.

Por fim, ele respirou fundo, me olhou nos olhos e, antes de partir, me envolveu em um abraço firme, daqueles que carregam mais do que palavras.

— Encha-se de fé — disse ele, com convicção. — Vai em busca do seu milagre.

Fiquei parado ali, observando enquanto ele entrava no carro e partia. Suas palavras ecoavam dentro de mim. Talvez fosse só uma conversa... ou talvez fosse o empurrão que eu precisava. Eu ainda não sabia. Mas senti que algo em mim começava a me mover.

Confesso que aquelas palavras ficaram ecoando na minha mente: "Encha-se de fé e vai em busca do seu milagre."

Por mais que eu tentasse desviar o pensamento, essa frase insistia em voltar, como um sussurro persistente dentro de mim. E se ele estivesse certo? E se esse encontro fosse mais do que apenas "mais um evento"? E se essa fosse, de fato, a oportunidade que Deus estava me dando para transformar minha vida?

A dúvida começou a crescer. Será que aquele era o passo de fé que eu precisava dar para alcançar o tão esperado milagre que, no fundo, meu coração ansiava?

Por tanto tempo eu havia esperado por mudanças, por algo que pudesse aliviar o peso que eu carregava, mas e se Deus estivesse esperando que eu tomasse a iniciativa? Que eu desse o primeiro passo antes de receber a resposta?

Essa inquietação começou a tomar espaço dentro de mim. Minha mente travava uma batalha entre a apatia que me prendia ao sofrimento e a possibilidade de uma nova chance. A verdade era que eu não tinha como saber o que aconteceria se não fosse.

E se essa era a única porta aberta para mim naquele momento? Será que eu teria coragem de atravessá-la?

Por ser um evento de final de semana e eu trabalhar com eventos nesse período, precisei reorganizar minha agenda e escalar outra pessoa para assumir meu lugar. Não foi uma decisão fácil, mas algo dentro de mim insistia que eu deveria ir.

A sexta-feira foi intensa. Trabalhei o dia todo, tentando manter a cabeça ocupada, mas a verdade é que a ansiedade já começava a tomar conta. Não sabia o que esperar desse encontro, nem se realmente deveria estar ali, mas, no fundo, algo me dizia que aquele passo precisava ser dado.

Quando finalmente terminei meus compromissos, peguei o carro e segui viagem. O evento estava sendo realizado em uma chácara em Lins, um local mantido em sigilo para preservar o propósito do retiro. Apenas os organizadores tinham acesso ao endereço exato. Como eu não havia seguido com o ônibus junto aos demais participantes, tive que ir sozinho, guiado apenas pela localização que me enviaram.

Era noite quando cheguei. A estrada escura, cercada por campos silenciosos, parecia me levar para um lugar distante de tudo, como se eu estivesse prestes a cruzar um portal para algo completamente desconhecido.

Ao estacionar o carro e descer, senti um silêncio profundo ao meu redor. O vento frio cortava a noite, e a única iluminação vinha de algumas luzes espalhadas pelo local. A essa altura, todos já estavam dormindo. O evento já havia começado há algumas horas, e eu chegava sem saber exatamente o que me esperava.

Com um suspiro profundo, fechei os olhos por um instante antes de seguir em frente. Agora não havia mais volta.

A chácara onde o evento estava acontecendo era um lugar imenso, feito sob medida para encontros como aquele. Ao adentrar, o local transmitia uma sensação de acolhimento, mas também de mistério. Era uma propriedade que havia sido utilizada para diversos retiros e eventos espirituais, com diversos alojamentos que comportavam muitos participantes. Cada quarto estava repleto de beliches, acomodando dezenas de pessoas.

Os banheiros, tanto masculinos quanto femininos, estavam bem distribuídos, sempre em perfeito estado, prontos para receber os participantes.

O espaço mais imponente, no entanto, era um galpão coberto, que parecia ter sido feito para encontros grandiosos. Lá, havia um palco, ventiladores grandes que amenizavam o calor, e as paredes internas eram pintadas de um tom de preto profundo, criando um contraste dramático com a luz suave das lâmpadas. O ambiente tinha uma energia única, e cada canto parecia carregar uma história.

Mas, para mim, o que mais chamou a atenção era algo que estava no centro do jardim, uma árvore chamou minha atenção de forma particular. Era uma oliveira, pequena e solitária, mas com uma serenidade quase que mística em sua presença.

Eu nunca tinha visto uma oliveira pessoalmente, e algo naqueles galhos finos e suas folhas verdes e finas parecia me puxar, me convidar a me aproximar.

Ela estava bem no centro do jardim, rodeada por bancos dispostos em círculo, como se fossem um convite ao silêncio, à contemplação. O piso ao redor da oliveira era cimentado, e o círculo formado pelos bancos estava perfeitamente alinhado com o terreno. Ao redor do cimento, a grama fresca se espalhava com árvores diversas trazendo algumas sombras ao local. Ao fundo, o galpão, os alojamentos e os banheiros completavam o cenário, mas nada parecia competir com a presença daquela árvore. Ela estava ali, como um farol silencioso, observando tudo.

Mais abaixo, havia um refeitório grande, capaz de acomodar todos os participantes do evento. As mesas e cadeiras eram dispostas de maneira simples, mas eficaz, criando um espaço acolhedor para as refeições compartilhadas. A cozinha industrial estava sempre em movimento, com a equipe preparando alimentos que pareciam ser feitos com uma dedicação especial. Mas, mesmo em meio a toda a estrutura e organização, o que realmente me tocava era a sensação de que aquela chácara tinha algo muito mais profundo a oferecer, algo que eu ainda não entendia completamente.

E a oliveira... ela continuava ali, quieta, pequena e singela, mas imensa em sua presença. Algo me dizia que ela era mais do que uma árvore qualquer naquele jardim. Ela era testemunha de muitos momentos, e talvez, de algum modo, estava ali para me ensinar algo.

No fundo, o que realmente me fez decidir ir naquele evento foi algo simples, mas poderoso: orar. O que eu mais desejava naquele momento era estar cercado de pessoas que compartilhassem da mesma fé, pois sempre acreditei profundamente que onde duas ou mais pessoas se reúnem em nome de Deus, orando com coração sincero e fé, milagres podem acontecer. A minha vida estava em um ponto em que eu sentia uma solidão espiritual imensa, e não havia ninguém ao meu redor com quem eu pudesse orar de verdade.

As palavras de oração eram algo que eu havia perdido, e o vazio parecia aumentar a cada dia. Foi esse anseio de estar com pessoas dispostas a orar que me impulsionou a fazer o que parecia impossível para mim naquela altura—participar de algo tão profundo e transformador.

Eu não estava indo ali para participar de mais um evento de igreja ou para simplesmente preencher o tempo. O que realmente tocava meu coração era a oportunidade de me reunir com aqueles que também acreditavam na força da oração. Eu estava buscando algo muito mais profundo do que simples atividades religiosas. Queria que minha fé fosse restaurada. Queria ser tocado por algo maior que a minha dor e a minha solidão.

Cheguei naquele lugar, longe de meu cotidiano, sem a distração dos aparelhos celulares e das ocupações que nos roubam a paz. Era o momento perfeito para me conectar com Deus de uma forma verdadeira, sem interrupções, sem pressões externas. O evento tinha o propósito de afastar o mundo, de mergulhar os participantes em oração, jejum e reflexão. E, naquele final de semana, eu me entreguei completamente.

O dia começou cedo, com o som suave do relógio despertando a todos para a oração matinal. Eu não sabia o que esperar, mas a paz daquele ambiente me envolvia de uma maneira que eu não conseguia descrever. O jejum era uma das primeiras práticas do dia, seguido por momentos de meditação profunda. Aqueles primeiros momentos de silêncio eram como um convite para recomeçar, para esvaziar o coração de tudo o que estava sobrando e deixar espaço para a presença divina.

O café da manhã foi simples, mas em meio àquela rotina intensa, parecia algo muito mais do que uma refeição. Era uma pausa para fortalecer o corpo antes de continuar a jornada espiritual.

Durante o sábado, tudo acontecia dentro de um cronograma rigoroso, mas eu não me importava com a agenda. Cada pregação, cada ato de fé e devoção me tocava de uma forma inexplicável. Os teatros, que encenavam passagens bíblicas, me faziam refletir de forma intensa sobre as minhas próprias escolhas e lutas. As pregações tocavam em pontos profundos de minha alma, e eu me via sendo confrontado com minhas limitações e, ao mesmo tempo, com a imensa misericórdia de Deus.

Mas o que mais me marcou naquele dia foi o momento de renúncia e cura interior. Eu pude finalmente, e com coragem, entregar minhas feridas, meus medos e minhas inseguranças para Deus.

Orei muito. E chorei ainda mais. Aquelas lágrimas pareciam representar tudo o que eu estava carregando há tanto tempo: as decepções, os medos, as perdas.

Mas, aos poucos, algo foi acontecendo dentro de mim. Eu comecei a sentir uma leveza que há muito tempo não sentia.

Meu semblante já não era o mesmo ao final daqueles dois dias intensos. A dor, a raiva e a frustração começaram a ceder espaço para a esperança. E, mais importante, minha fé começou a ser restaurada.

Como meu intuito de estar ali era me reunir com pessoas dispostas a orar por algo maior foi incrível a experiência para mim. E naquele final de semana, entre pregações, orações, jejum e momentos de reflexão, eu me senti finalmente em comunhão com outros que, como eu, acreditavam no poder da oração. A fé foi sendo restaurada, e eu sabia, de alguma forma, que algo muito especial estava acontecendo ali. Eu não apenas passei por mais um evento. Eu fui tocando meu milagre, pedaço por pedaço, oração por oração.

A dor de um milagre

Confesso que, naquele momento, a dor ainda era intensa, e eu estava tão focado no milagre que desejava pedir a Deus, que não conseguia ver a magnitude do milagre que já estava acontecendo diante dos meus olhos. O que eu queria com todas as minhas forças era reatar o relacionamento com minha ex-namorada. Eu tinha tantos sonhos, tantos planos que agora pareciam desmoronar diante da separação. A frustração era enorme, e o impacto emocional foi devastador. Aquela relação, que parecia ser a realização de todos os meus sonhos, foi dilacerada pela decisão dela de seguir um caminho diferente, especialmente depois de tantos anos enfrentando dificuldades. Suportar os desentendimentos e os conflitos familiares, com os ataques constantes do irmão dela e as dificuldades com os pais, parecia que, finalmente, estava valendo a pena, até que, de repente, ela escolheu outro rumo. A dor dessa perda me deixou perdido, com o coração partido, sem saber o que fazer.

Eu não conseguia imaginar um futuro sem ela, e a ideia de continuar a vida sem o amor que eu havia idealizado por tanto tempo parecia um peso impossível de carregar.

Eu clamei a Deus por aquele milagre, por uma chance de voltar, de corrigir o que parecia perdido.

Mas, como em muitos momentos de nossa vida, Deus tem um propósito maior para nós, que nem sempre conseguimos entender imediatamente.

Foi nesse momento, quando minha mente ainda estava embriagada pela tristeza e pela dor da separação, que Deus me concedeu um milagre muito mais profundo e transformador do que aquele que eu estava pedindo. Deus me resgatou de um lugar de profunda escuridão. Ele não apenas me curou da dor da perda, mas me deu de volta a vontade de viver, de acreditar na felicidade, de buscar a alegria, mesmo em meio às lágrimas. Ele não atendeu ao meu pedido imediato, mas me ofereceu algo muito mais valioso: a capacidade de recomeçar, de encontrar paz no caos e de ser novamente inteiro.

Eu aprendi uma lição muito poderosa naquele fim de semana. A lição mais difícil, mas ao mesmo tempo a mais libertadora. Aprendi que ninguém sai do buraco sozinho. Às vezes, estamos tão profundamente enterrados em nossa dor, em nossas perdas e frustrações, que parece impossível ter forças para dar o primeiro passo sozinho. É nesse momento que a importância de estar cercado de pessoas se torna clara. Pessoas que, com suas palavras de sabedoria, com suas orações sinceras e com o simples ato de estarem ao nosso lado, nos ajudam a enxergar novas possibilidades e nos mostram que não estamos sozinhos. Às vezes, são essas pessoas que nos ajudam a enxergar a luz no fim do túnel, que nos dão a força para sair de nossa própria escuridão.

E, naquele evento, rodeado por pessoas dispostas a orar, a apoiar, a compartilhar a dor e a esperança, eu encontrei minha força novamente. Meu milagre não foi exatamente o que eu esperava, mas foi o que eu mais precisava: a cura da minha alma e a restauração da minha fé em mim mesmo e no amor de Deus. O milagre foi a mudança de perspectiva, foi entender que a vida ainda tinha um propósito para mim, mesmo sem a pessoa que eu pensava ser a resposta para todos os meus sonhos. A dor me transformou, e a oração me curou. E foi ali, no meio daquela chácara, cercado de fé e pessoas que acreditavam em milagres, que eu aprendi a ver além da dor e a encontrar uma nova chance para ser feliz.

"Me diga com quem andas e te direi quem tu és"

Você já ouviu aquele ditado popular que diz: "Me diga com quem andas e te direi quem tu és"?

Uma frase que carrega um peso imenso de sabedoria e que, apesar de parecer simples, tem o poder de nos fazer refletir profundamente sobre nossas escolhas e as pessoas que nos cercam.

A origem e a popularidade dessa frase são algo fascinante, porque, embora seja amplamente reconhecida em diversas culturas e tenha sido repetida ao longo de gerações, o seu significado vai além do senso comum.

A Atribuição a Goethe:

Muitas vezes, ouvimos essa frase sendo associada à sabedoria ancestral ou até mesmo a ensinamentos religiosos. Porém, um dos nomes mais frequentemente ligados a essa expressão é o do renomado escritor, filósofo e cientista alemão Johann Wolfgang von Goethe. A atribuição a ele não é totalmente unânime, mas é amplamente aceita entre estudiosos e amantes de sua obra. Goethe, com seu olhar penetrante sobre a natureza humana, entendia como ninguém a influência do ambiente sobre a formação de um indivíduo. Ele sabia que as pessoas com as quais escolhemos nos relacionar têm o poder de moldar nossas atitudes, nossos valores, e até mesmo nossa visão de mundo.

Parece que essa sabedoria transcende o tempo, não é mesmo? Goethe, com sua vasta obra e profunda compreensão das complexidades do ser humano, certamente teria reconhecido como essa máxima reflete a essência do comportamento humano: a constante troca de influências entre o indivíduo e os outros ao seu redor. A frase não é apenas uma observação sobre os outros, mas sobre nós mesmos e nossas próprias escolhas de convivência. Quem escolhemos como companheiros de jornada, de fato, revela muito sobre nós – sobre nossos valores, nossos princípios e até mesmo sobre os caminhos que estamos dispostos a trilhar.

A Neurociência e o Impacto do Ambiente Social:

Hoje, essa frase ressoa de uma maneira ainda mais fascinante, pois a ciência, em especial a neurociência, tem cada vez mais confirmado o que Goethe já intuía: o impacto profundo que as pessoas ao nosso redor têm em nossas vidas. Diversos estudos comprovam que nosso cérebro é altamente influenciado pelos estímulos sociais, pelas interações com os outros. Nosso comportamento, nossas emoções, até mesmo nossas decisões, são frequentemente moldadas por aqueles com quem passamos mais tempo. Se estamos cercados de pessoas positivas, motivadoras e que nos desafiam a ser melhores, nossas ações tendem a refletir isso.

O contrário também é verdadeiro: a convivência com pessoas negativas, que nos puxam para baixo, pode gerar um impacto negativo em nossa saúde mental e emocional.

Hoje em dia, a neurociência nos dá uma visão ainda mais ampla desse fenômeno. O ambiente social é uma das maiores influências no nosso cérebro. O tipo de conversa que temos, as interações que vivenciamos e até as simples observações sobre os outros – tudo isso tem o poder de reconfigurar nossa maneira de pensar e agir. Quando ouvimos alguém falar sobre um assunto inspirador, nosso cérebro começa a criar novas conexões, liberando substâncias como a dopamina, associada ao prazer e à motivação. Já quando estamos expostos a ambientes tóxicos ou negativos, a resposta do nosso cérebro é de defesa, muitas vezes gerando estresse, ansiedade e até depressão.

Esses conceitos, tão debatidos hoje nas redes sociais e nas conversas cotidianas, nos ajudam a entender melhor como somos impactados pelos outros. As questões relacionadas à neurociência se tornaram tópicos comuns em discussões de bem-estar, autoconhecimento e até mesmo em terapias, pois elas nos abrem os olhos para como nossos cérebros funcionam e, principalmente, como podemos usar essa ciência a nosso favor. Ao compreender melhor os efeitos das pessoas e dos ambientes sobre nossa mente, começamos a tomar decisões mais conscientes sobre com quem escolhemos nos relacionar e o que permitimos que influencie nossa jornada.

Assim, ao refletir sobre essa frase e sua profunda verdade, podemos nos dar conta de que a vida é uma série de escolhas.

E entre essas escolhas, uma das mais importantes é com quem decidimos caminhar. É ao lado dessas pessoas que formamos nosso caráter, nossa visão de mundo e, de muitas maneiras, nosso destino.

Um dos conceitos mais intrigantes abordados pela neurociência está diretamente relacionado àquela famosa frase popular: "Me diga com quem andas e te direi quem tu és". Quando refletimos sobre esse ditado à luz da ciência, ele ganha um significado ainda mais profundo, especialmente quando pensamos no ser humano como um ser social, um ser coletivo por natureza.

O Ser Humano como um Ser Coletivo

Se formos traduzir essa frase para os dias de hoje, podemos concluir que o ser humano é, por essência, um ser que se molda a partir do grupo com o qual se relaciona. Afinal, a identidade de uma pessoa não é formada de maneira isolada. As ideias, os costumes, as crenças e os valores que ela compartilha com aqueles ao seu redor, em muitos casos, definem quem ela é. Essas pessoas, ao se reunirem em torno de pontos em comum, estabelecem uma identidade coletiva que fortalece o vínculo e, de certa forma, a sobrevivência dessa comunidade.

É interessante observar como essa dinâmica se reflete nas comunidades que vemos hoje. O termo "comunidade" pode ser decomposto em "comum" e "unidade", e isso nos remete a um grupo de indivíduos que se unem por um propósito, uma ideia ou um ideal. Na neurociência, esse fenômeno é descrito pelo conceito do viés de coletividade, que nos explica como, ao longo da evolução humana, a necessidade de pertencimento e de colaboração mútua foi crucial para a nossa sobrevivência.

A Evolução do Cérebro Humano e o Viés de Coletividade

Lá atrás, no início da nossa história, nossos ancestrais não tinham as ferramentas que possuímos hoje.

O ser humano, em seus primeiros dias, era, sem dúvida, o animal mais fraco da natureza. Sem garras afiadas, dentes poderosos ou uma pele resistente, ele estava à mercê dos predadores. Na vasta e inóspita savana africana, ele era vulnerável a ataques de animais predadores que o caçavam sem piedade. Contudo, a história da nossa espécie não é uma história de extinção, mas de sobrevivência e adaptação.

Como conseguimos superar essas desvantagens? Como um ser tão frágil e dependente conseguiu evoluir e prosperar? A resposta está justamente na criação de um mecanismo único que foi fundamental para nossa perpetuação: a coletividade. Ao longo de milhares de anos, o cérebro humano evoluiu de maneira a priorizar a necessidade de estar em grupo. Essa capacidade de trabalhar em equipe, de se proteger em conjunto, foi o que permitiu que os primeiros seres humanos sobrevivessem.

Em um mundo onde o perigo estava sempre à espreita, as tribos humanas se uniam para caçar, para se defender e para cuidar dos mais vulneráveis. O ser humano, sendo um dos animais mais fracos fisicamente, desenvolveu uma habilidade inata de se agrupar com outros para aumentar as chances de sobrevivência. O coletivo se tornava a defesa mais poderosa, mais eficiente do que qualquer força bruta individual. Esse comportamento de união e apoio mútuo foi sendo transmitido ao longo de gerações e se enraizou profundamente na nossa genética, no funcionamento do nosso cérebro.

Esse "viés de coletividade" herdado dos nossos ancestrais ainda nos acompanha hoje, mas agora de maneiras diferentes. Em vez de lutar para sobreviver no meio de predadores, agora estamos em busca de lugares onde possamos compartilhar ideias, sonhos, crenças e até medos. Nos dias de hoje, o ser humano continua buscando pertencimento em grupos, seja no âmbito familiar, profissional, religioso ou em qualquer outra rede social. É aí que a frase "me diga com quem andas e te direi quem tu és" ganha ainda mais sentido. Nossas escolhas de grupo, de comunidade, continuam a moldar nossa identidade.

Somos influenciados pelas pessoas com quem escolhemos andar e pelas ideias que decidimos adotar. Compartilhamos nossas alegrias, frustrações, e objetivos com aqueles ao nosso redor. Buscamos em outros o apoio para nossas causas, para nossos sonhos, para nossos desejos. E, assim, ao longo da nossa vida, a coletividade – esse impulso evolutivo de nosso cérebro – continua a nos guiar.

Hoje, as comunidades humanas, como as conhecemos, não são mais definidas apenas pela sobrevivência física, mas também pela busca por significado, propósito e realização. Nos aglomeramos em torno de ideais, crenças, valores e interesses comuns. Seja em um ambiente de trabalho, numa religião, em movimentos sociais ou até mesmo em comunidades virtuais, o que importa é a conexão. Compartilhamos os mesmos sonhos e objetivos, e, em muitos casos, essas conexões nos dão forças para avançar, crescer e evoluir, da mesma forma que nossos ancestrais fizeram para garantir sua sobrevivência.

O que precisamos entender, então, é que somos, de fato, o reflexo da coletividade com a qual escolhemos nos associar. As pessoas que nos rodeiam, as ideias que compartilhamos, e os valores que adotamos têm um impacto direto em quem somos, em nossas ações e até nos caminhos que escolhemos trilhar. Em outras palavras, "me diga com quem andas e te direi quem tu és" é muito mais do que um ditado popular – é uma verdade profunda sobre a nossa natureza e evolução.

O que precisamos entender, nesta altura do campeonato, é que as pessoas, de maneira geral, se agrupam com base em algo que possuem em comum. E é a partir desse pensamento que podemos analisar, de forma mais profunda, as pessoas que estão ao nosso redor – ou até mesmo as que não estão.

Por exemplo, você certamente tem aquele tio chato ou aquela tia fofoqueira, não é? Aquelas pessoas que adoram fofocar, sempre querendo saber da vida dos outros e espalhar o que souberam, nem sempre com precisão.

O ponto que devemos destacar aqui é o seguinte: no circo, o espetáculo só tem graça se houver público. Sem público, o palhaço perde a graça. A fofoca, de forma muito parecida, também depende de um público, de ouvintes dispostos a receber as histórias e a transmiti-las adiante. Quem não gosta de escutar uma fofoca, certo? Mas o que muitas vezes esquecemos é que, ao redor de pessoas como essa tia ou tio, o que temos é um grupo que compartilha do mesmo desejo de fofocar – seja falando, seja ouvindo.

Normalmente, a tia ou tio fala, e os outros, mais próximos, ouvem com atenção, como se estivessem sedentos pelas informações. Curiosamente, essas informações, na maioria das vezes, não são nada mais do que palavras que passaram por várias bocas, várias cabeças.

O que você ouve de uma pessoa pode ser totalmente diferente daquilo que a pessoa original disse, porque a fofoca tem esse poder de transformação. O que saiu da boca de alguém pode ser distorcido de maneira inusitada, ganhando novas camadas, novos detalhes, novos significados. Me diga: não é assim que a coisa acontece? Às vezes, parece até engraçado, mas é exatamente esse processo que acontece.

Isso me faz lembrar de uma brincadeira que eu conheci na quinta série do ensino fundamental, chamada "telefone sem fio". Quem nunca brincou disso? A professora se aproximava do primeiro aluno da primeira carteira e, com um sorriso travesso, sussurrava no ouvido dele uma frase bem baixinha. Ela dizia que a informação tinha que ser passada, da mesma maneira, de aluno para aluno, sussurrando para cada um até que chegasse ao último da classe, que, por fim, deveria repetir o que havia escutado. A turma inteira observava o processo, e a cada aluno que passava a informação, ela se transformava. Quando a frase chegou ao último aluno, ela estava completamente distorcida e irreconhecível, muitas vezes virando uma frase completamente diferente do que foi dito no começo.

A fofoca segue exatamente o mesmo caminho. O que sai da boca de uma pessoa vai para o ouvido de outra, mas nem sempre o que a pessoa escuta é exatamente o que foi dito, ou pior, ela adiciona a sua própria interpretação.

Ouvir uma fofoca é como ouvir o último aluno na brincadeira do telefone sem fio – a informação muda, é distorcida e, muitas vezes, se enriquece com rumores e suposições. A fofoca é como uma bola de neve: começa pequena, com uma informação aparentemente inofensiva, mas conforme vai rolando, vai acumulando mais e mais detalhes, se transformando em algo muito maior, e quando menos se espera, vira uma avalanche, capaz de destruir a vida de alguém.

Por isso, aqui vai um conselho simples, mas valioso: fuja da fofoca. Ela não traz nada de bom, nada que vá acrescentar positivamente à sua vida. A fofoca é a verdadeira escuridão da alma, uma energia negativa que consome a mente e os corações das pessoas.

Geralmente, as informações que são passadas em uma fofoca têm como objetivo derrubar alguém, seja falando mal de uma pessoa ou contando detalhes desnecessários sobre a vida de outro. Se a informação não for relevante para melhorar ou transformar sua vida, o melhor é não ocupar o seu precioso espaço mental com ela.

Por isso, torna-se essencial escolher com quem andamos, com quem nos relacionamos, com quem compartilhamos nossa energia. Estar rodeado de pessoas que nos elevam, que nos ajudam a crescer como seres humanos, como profissionais, como filhos de Deus, é fundamental. Nossa convivência com aqueles ao nosso redor reflete diretamente quem somos e quem nos tornamos. Se queremos crescer e alcançar a verdadeira felicidade, devemos nos reunir com aqueles que nos inspiram, que compartilham valores e princípios elevados, que nos motivam a ser melhores a cada dia.

A vida é curta demais para ser desperdiçada com conversas vazias e fofocas que só enfraquecem nosso espírito. Se queremos transformar nossas vidas, devemos nos cercar daquilo que é positivo, daqueles que compartilham sonhos grandes e pensamentos elevados, daqueles que realmente agregam valor à nossa jornada. A fofoca não faz parte dessa jornada – ela é apenas uma distração que nos desvia do nosso verdadeiro caminho. E, se queremos ser melhores, devemos nos afastar dela, com a mesma determinação com que procuramos nos aproximar de quem nos faz bem.

As fofocas, infelizmente, têm um poder destrutivo muito grande, principalmente em um relacionamento. Podem destruir a confiança entre um casal, sem que eles percebam o que está acontecendo até ser tarde demais.

Fofocas que começam em lugares comuns, como barbearias, salões de cabeleireiro, ambientes de trabalho ou até mesmo na igreja, têm o poder de minar a base de um relacionamento saudável. Muitas vezes, essas fofocas são baseadas em informações distorcidas, mal interpretadas ou, o pior de tudo, em inverdades que tomam uma proporção tão grande que acabam afetando a vida de todos os envolvidos.

Eu, infelizmente, vivi esse mal em minha própria vida, e por isso sinto a necessidade de deixar um alerta aqui, para que você, que está lendo, não passe pelo que passei. Fuja de pessoas que têm o hábito de fofocar. A fofoca nunca traz algo bom, ela só cria divisões, fortalece inseguranças e destrói relacionamentos.

Acredite, a pessoa que fala mal de outra para você, provavelmente, fará o mesmo com você, quando você não estiver por perto. E essa verdade, embora dolorosa, precisa ser dita, porque muitas vezes estamos cercados por pessoas assim e não percebemos o quanto elas estão nos envenenando emocionalmente.

Eu vivi isso na pele, e posso te dizer que é uma experiência devastadora. Conheci pessoas que se faziam de amigas, falavam mal de outras pessoas pelas costas, mas quando essas mesmas pessoas chegavam perto, tudo mudava. As mesmas que falavam mal de uma amiga ou colega, se comportavam como se estivessem com a melhor amiga do mundo, fazendo as unhas juntas, se abraçando e compartilhando risadas. Isso me abalou profundamente, pois vi a hipocrisia de perto, como a fofoca alimentava uma falsa imagem de pessoa cristã, amiga e legal, enquanto suas fofocas corroíam a confiança e o respeito que deveriam existir entre as pessoas.

É fácil se deixar enganar por esses comportamentos, principalmente quando a fofoca está disfarçada de "conversa de amiga", "desabafo" ou "informações que você precisa saber". Mas a verdade é que, no final das contas, quem vive de fofoca é uma pessoa vazia, que não tem nada melhor para fazer do que destruir a vida dos outros com suas palavras. Por isso, precisamos aprender a nos afastar dessas pessoas, não apenas por proteção, mas também por respeito a nós mesmos.

Um bom relacionamento, seja ele de amizade ou romântico, precisa de confiança, respeito e, acima de tudo, sinceridade. E quem fofoca não está pronto para oferecer nada disso. Se você perceber que alguém está sempre compartilhando informações pessoais e negativas sobre os outros, desconfie.

Essa pessoa provavelmente não hesitará em fazer o mesmo com você, e antes que perceba, você será o alvo da próxima fofoca.

O mais importante é saber escolher as pessoas com quem você se relaciona. Cerque-se de pessoas que têm um caráter firme, que buscam o bem, que são leais e que têm a coragem de falar a verdade, mesmo que ela seja difícil. Afinal, um relacionamento saudável, seja ele de amizade ou amoroso, precisa de comunicação aberta e verdadeira, não de palavras tortas e distorcidas que, no fim, só trazem dor e separação. Fique atento a quem você permite entrar na sua vida, e afaste-se de quem, com suas palavras, só tenta jogar você para baixo.

O retorno do Face a Face

Ao retornar do Face a Face, o grupo que havia ido de ônibus seguiu diretamente para a igreja.

Mas eu não. Algo dentro de mim me dizia que aquele momento precisava ser compartilhado com as pessoas que realmente importavam para mim. Não bastava que eu tivesse vivido aquela experiência; eu precisava que minha família estivesse ao meu lado, que eles vissem com os próprios olhos a transformação que havia acontecido dentro de mim.

Para eles, talvez aquela noite fosse apenas mais um compromisso, um evento religioso como tantos outros. Mas para mim, era um marco. Uma virada de chave. Eu não era mais a mesma pessoa que havia saído de casa dias antes, carregando nos ombros um peso que mal conseguia explicar. Algo dentro de mim havia mudado — e eu queria que eles percebessem isso, que sentissem, mesmo que de forma sutil, a diferença em meu olhar, na forma como eu falava, na energia que eu transmitia.

Sem pensar duas vezes, desviei minha rota e fui para casa. O caminho parecia mais longo do que realmente era, não porque houvesse trânsito ou porque a cidade estivesse diferente, mas porque minha mente estava inquieta. Meu coração batia forte, ansioso para compartilhar aquele momento com minha mãe, minha irmã, meu cunhado e minha sobrinha, que ainda era um bebezinho de colo, com apenas um aninho de idade.

Quando estacionei em frente à casa, respirei fundo antes de sair do carro. A noite estava fria, e o ar gelado fazia até minhas mãos tremerem, mas nesse momento não sabia se era ansiedade ou frio.

O muro alto impedia que eu visse se a casa estava iluminada ou até mesmo ver se tinha alguém nas salas. Toquei a campainha, e em poucos segundos ouvi minha mãe abrindo a porta da sala e de repente abriu o portão social. Ela ficou ali me olhando com aquele olhar acolhedor de sempre como se quisesse me perguntar como havia sido o retiro, mas se conteve para aguardar eu falar. Eu simplesmente não consegui dizer nada.

— Você já voltou? – ela perguntou, enquanto me puxava para um abraço.

Aquele abraço tinha o cheiro da minha infância, do conforto que só o colo de mãe é capaz de proporcionar. Segurei-a por mais alguns segundos antes de responder.

— Voltei. Mas preciso que você venha comigo.

Ela franziu a testa, curiosa. Minha irmã, que estava sentada no sofá mexendo no celular, olhou para mim com a mesma expressão interrogativa.

Meu cunhado, ao lado dela, também ergueu os olhos da tela da TV. Minha sobrinha dormia tranquilamente no carrinho, alheia ao momento.

— Para onde? – minha irmã perguntou, desconfiada.

— Para a igreja – respondi, olhando para cada um deles. — Hoje é a celebração do Face a Face. Quero que vocês estejam lá comigo.

Por um instante, houve silêncio. Não um silêncio desconfortável, mas um daqueles momentos em que as palavras não são necessárias porque todos sabem que algo importante está acontecendo.

Minha mãe sorriu.

— Claro que vamos.

Minha irmã balançou a cabeça fazendo alguns gestos com as mãos, ainda tentando entender o porquê de tanta urgência no meu pedido, mas sem questionar. Meu cunhado apenas pegou as chaves do carro.

Nos organizamos rapidamente. Minha mãe foi comigo no meu carro, enquanto minha irmã, meu cunhado e minha sobrinha foram logo depois, em outro carro.

No caminho, senti um misto de emoção e gratidão. Eu não sabia se conseguiriam compreender a grandiosidade do que eu havia vivido naquele fim de semana, mas isso não importava. O simples fato de estarem ali, ao meu lado, já significava tudo para mim.

E naquele momento, eu soube que não estava mais sozinho.

O retorno do Face a Face não era apenas um fim de evento. Era um renascimento. Havia uma simbologia poderosa naquele momento, uma espécie de apresentação à assembleia como novos homens, transformados pela experiência que vivemos.

O vento frio daquela noite soprava contra nossos rostos enquanto aguardávamos do lado de fora da igreja. Os participantes da assembleia entravam e se sentavam nas cadeiras para poder assistir ao culto, mas nós, novos homens transformados pelo amor de Deus deveríamos aguardar ainda mais um pouco. O céu, pontilhado de estrelas, parecia testemunhar silenciosamente a mudança que ocorrera dentro de cada um de nós.

Estávamos ali, nos fundos da igreja, do lado de fora, enfileirados, sentindo o peso e, ao mesmo tempo, a leveza do que havíamos vivido nos últimos dias.

As vozes dentro da igreja ecoavam baixinho até onde estávamos, mas tudo o que conseguíamos ouvir de verdade era a batida acelerada dos nossos corações.

Era impossível conter a ansiedade. Nossas mãos suavam, nossos olhares se cruzavam de tempos em tempos, compartilhando um misto de expectativa e emoção. Para muitos de nós, aquele não era apenas um ritual simbólico, mas um divisor de águas. Um passo que marcava o fim de um ciclo e o início de outro.

A espera parecia se alongar indefinidamente, mas cada segundo ali, naquela penumbra, carregava um significado profundo. Éramos como guerreiros prestes a retornar ao lar depois de uma grande batalha – não uma batalha travada com espadas e escudos, mas uma luta interna, contra nossos medos, nossas dores, nossas fraquezas. E agora, estávamos prontos para entrar naquele templo como homens renovados.

De repente, o som das portas se abrindo cortou o silêncio, e a voz do pregador anunciou nossa chegada. O momento pelo qual tanto esperávamos havia chegado. O primeiro passo foi hesitante, como se estivéssemos pisando em território sagrado, mas logo a hesitação deu lugar à firmeza.

Avançamos juntos, como um exército marchando, vestindo nossas camisetas do Face a Face, erguidos pelo orgulho de quem encontrou um novo propósito. Nossas vozes ecoaram em um brado de vitória, um canto forte, que encheu cada canto da igreja. Olhares se voltaram para nós – alguns surpresos, outros emocionados.

Atravessamos o corredor central, e a emoção era quase palpável. Em cada rosto, um brilho diferente. Alguns choravam, outros sorriam, mas todos carregavam no olhar a certeza de que algo dentro de nós havia mudado para sempre. Nos posicionamos na frente do altar, ocupando cada espaço ao redor do púlpito, como se fôssemos parte daquela estrutura sagrada, parte daquele momento que jamais esqueceríamos.

Naquele instante, compreendi o verdadeiro significado do que estávamos vivendo. Não era apenas sobre estar ali, mas sobre ser alguém diferente dali em diante. Sobre carregar para sempre no coração a transformação que Deus operou em nós. Era uma mistura de ansiedade e emoção.

Queríamos gritar, cantar, expressar toda a transformação que vivemos, mas não sabíamos exatamente como seria esse momento. Para muitos, inclusive para mim, aquilo era novo.

Apesar de ter nascido em uma família cristã e ter crescido envolvido em eventos de evangelização – acampamentos, retiros, aprofundamentos de dons – eu nunca havia participado de um Face a Face dessa maneira. Sempre servindo através da música, sempre nos bastidores, cuidando dos detalhes, garantindo que tudo acontecesse como deveria. Mas agora, eu era um dos participantes. Eu estava ali, de coração aberto, sem o peso das responsabilidades organizacionais, sem a preocupação com afinações, tempo de fala ou questões técnicas.

E foi só ali, naquele momento, que me dei conta do quanto isso fazia diferença. Estar do outro lado, ser aquele que recebe, que vivencia sem distrações, sem preocupações externas, apenas permitindo que cada palavra, cada oração e cada experiência penetrasse fundo no coração. Era como se, pela primeira vez, eu estivesse verdadeiramente presente, sem a necessidade de estar em alerta, apenas sentindo e vivendo o que Deus queria me mostrar.

Meus olhos percorriam a igreja lotada, buscando rostos conhecidos, tentando encontrar minha família no meio da multidão. O coração acelerava só de pensar que minha mãe, minha irmã, meu cunhado e minha sobrinha estavam ali, assistindo a tudo. Será que conseguiam perceber a diferença em mim? Será que sentiam a mesma emoção que eu?

A música começou a tocar, suave no início, como um convite para a alma se abrir. Aos poucos, a melodia foi crescendo, e com ela, a nossa voz.

Cantávamos com uma força que não vinha apenas dos pulmões, mas do fundo da alma. Não era apenas um canto, era um brado de vitória, um grito de renascimento, um testemunho vivo de que algo dentro de nós havia mudado para sempre.

Fechei os olhos por um instante e deixei que tudo se misturasse dentro de mim – o som das vozes, o calor da igreja, a sensação indescritível de estar ali, completamente entregue. O peso que eu carregava há tanto tempo já não estava mais ali. A dor, a culpa, as incertezas haviam sido arrancadas, uma a uma, ao longo daquele fim de semana, e agora, tudo o que restava era um sentimento puro de paz.

E então, algo inesperado aconteceu. Quando abri os olhos, vi minha mãe. Ela me olhava com os olhos marejados, um sorriso emocionado no rosto. Naquele momento, não foi preciso nenhuma palavra. No brilho do olhar dela, eu entendi tudo.

Ela via. Ela sentia. Ela sabia que seu filho não era o mesmo que havia saído de casa dias antes.

Ali, no meio da igreja lotada, cercado por dezenas de homens que também carregavam suas histórias e transformações, eu entendi que aquele não era apenas um evento. Era um marco. Uma página virada. Uma nova caminhada começava ali, e eu estava pronto para dar cada passo.

Olhando ao redor, vi que cada homem trazia no rosto uma nova história, um novo propósito. Os olhos brilhavam com a intensidade de quem havia renascido, de quem havia encontrado um caminho mais claro e um sentido mais profundo para a própria existência. Ocupamos toda a parte frontal do púlpito e também as laterais, como um exército que retorna de uma grande batalha, não apenas sobreviventes, mas vitoriosos. A igreja estava tomada por nós, mas não apenas fisicamente. Nosso espírito, nossa presença, nossa energia preenchiam cada canto daquele lugar.

Os cânticos ressoavam pelas paredes, subiam ao teto, como se quisessem alcançar o céu. Mas não eram apenas vozes que ecoavam, eram testemunhos vivos de transformação, eram corações que batiam juntos, sincronizados em um só propósito: seguir em frente, mais fortes, mais vivos, mais conectados com Deus e com nossa missão. O som era arrebatador, não pela potência das vozes, mas pela verdade que carregava. Cada nota, cada palavra, cada batida era uma entrega, um agradecimento, um compromisso selado diante de todos ali presentes.

De onde estava, pude sentir a vibração do ambiente. O ar parecia carregado de uma emoção que era quase palpável. Algumas pessoas nas cadeiras choravam, outras erguiam as mãos, entregues àquele momento. Eu sabia que minha família estava ali, observando tudo, e desejei que pudessem sentir pelo menos uma fração do que estava acontecendo dentro de mim.

De olhos fechados, tentei gravar aquele momento na memória. O calor das luzes sobre nós, o som das vozes ecoando pelo templo, a sensação de pertencimento, de unidade. Era um renascimento, um recomeço.

Naquele instante, tudo fez sentido. Todas as dificuldades, as lutas internas, os medos que carreguei por tanto tempo – tudo convergia para aquele momento. O Face a Face não havia sido apenas um evento. Havia sido um divisor de águas.

Algo dentro de mim tinha sido restaurado, reconstruído, fortalecido.

Nada mais seria como antes

Depois de realizarmos nossa apresentação, o culto chegou ao fim, mas a atmosfera de emoção ainda pairava no ar. Aos poucos, as famílias se levantavam e vinham ao encontro dos homens que, agora, carregavam em si uma nova essência. Olhei ao redor e vi abraços apertados, lágrimas contidas e sorrisos que diziam mais do que qualquer palavra. Era como se cada um de nós tivesse sido devolvido ao mundo com um novo brilho no olhar, como se estivéssemos renascendo diante dos olhos de quem nos esperava do lado de fora.

Eu me sentia diferente. Havia algo em mim que antes não estava lá – ou talvez estivesse, mas havia sido sufocado pelo tempo, pela dor e pelas desilusões da vida. Naquele momento, parecia que uma nova força tinha tomado conta do meu ser, preenchendo os espaços vazios que há tanto tempo me acompanhavam. Eu respirava fundo e sentia o ar entrar nos pulmões de uma forma diferente, mais leve, mais pura.

Mas, ao mesmo tempo em que me sentia revigorado, não podia ignorar as cicatrizes que ainda carregava. Aquele dia me lembrava de quem eu já fui, mas também me fazia encarar tudo o que eu havia perdido.

O brilho nos meus olhos, que há tempos havia se apagado, agora começava a se reacender, mas não sem que eu me lembrasse do motivo pelo qual ele se apagou. Meu coração, que antes batia forte e cheio de vida, havia partido junto com a pessoa que eu mais amei.

Fiquei ali, parado no meio da multidão, enquanto abraços eram trocados ao meu redor. Senti minha mãe se aproximar, sua mão pousando suavemente no meu ombro. Seu olhar era de orgulho e alívio, como se finalmente enxergasse em mim algo que há tempos estava ausente.

— Você está diferente — ela disse, com um sorriso terno.

Apenas assenti, sem conseguir responder de imediato. Eu sabia que estava diferente, mas não sabia até onde essa transformação poderia me levar. Seria possível reencontrar o caminho do meu próprio coração?

Enquanto via minha irmã segurando minha sobrinha nos braços, rindo com meu cunhado, senti um aperto no peito. Família. Amor. Laços que nos sustentam nos momentos mais difíceis. Eu os tinha ali comigo, mas, ao mesmo tempo, algo dentro de mim ainda estava incompleto.

Naquela noite, eu entendi que ser renovado pelo Espírito Santo não significava apagar o passado, mas aprender a caminhar com ele. E talvez, só talvez, aquele fosse o primeiro passo para recuperar aquilo que um dia foi perdido.

Este encontro foi muito mais do que uma simples experiência religiosa; ele foi um marco na minha vida. De repente, senti algo que não experimentava há muito tempo: a sensação de ser inteiramente eu, de me reencontrar com a minha essência. Como se tivesse sido puxado de volta de um buraco profundo, onde a solidão e a dor haviam me consumido, e agora eu estava ali, de pé, respirando novamente. Cada respiração parecia mais intensa, mais cheia de vida. Era como se meu coração estivesse batendo com um novo propósito, como se o universo tivesse me dado uma nova chance de recomeçar.

Eu estava perdido, há tanto tempo perdido, mas agora, após aquele fim de semana transformador, algo dentro de mim se rearrumou. Eu me encontrei de volta. As peças que pareciam desconectadas começaram a se encaixar novamente. Eu me senti centrado, alinhado, como se as turbulências que haviam me desestabilizado finalmente tivessem dado lugar à serenidade de uma alma renovada.

Aquelas palavras, aqueles momentos de comunhão, de entrega, de oração, não apenas tocaram meu espírito, mas também impactaram meu corpo de uma maneira que eu não poderia ter imaginado. Você já percebeu o quanto é fundamental estar ao lado de pessoas que realmente nos fazem bem? Aquelas pessoas que, sem precisar dizer nada, nos oferecem a paz, o apoio e a compreensão que tanto precisamos. E mais do que isso, você já percebeu como a energia de um grupo pode modificar até a nossa química interna?

Parece loucura, não? Mas é verdade. Estar em sintonia com os outros, em um ambiente de carinho, respeito e fé, é capaz de transformar a nossa percepção do mundo ao nosso redor.

A neurociência mesmo explica que as emoções que compartilhamos com aqueles com quem nos relacionamos geram reações químicas no nosso corpo.

E quando estamos imersos em uma atmosfera positiva, de acolhimento e de cura, nosso cérebro libera substâncias que nos fazem sentir bem, que nos ajudam a relaxar, a ver o mundo com mais esperança. Não é só uma sensação psicológica; é algo real, palpável. E, naquela igreja, cercado por homens renovados, eu pude sentir isso de uma maneira indescritível.

Era como se o simples fato de estar ali, junto àquelas pessoas que passavam pela mesma transformação, tivesse mudado minha composição interna. Eu não era mais o mesmo. Meu corpo, minha mente, minha alma estavam alinhados, e o mundo parecia mais claro. E, por um instante, pude compreender a profundidade do que significa viver em coletividade, não apenas como um grupo de pessoas, mas como uma força unida, movida por algo maior, que nos conecta de uma forma profunda e invisível.

Eu nunca havia dado a devida importância para o poder que temos quando estamos juntos, unidos em um propósito comum. Mas agora, eu via a vida de uma maneira diferente. E sabia que, daqui em diante, seria impossível seguir da mesma forma, sozinho, perdido. Eu precisava dessa conexão. Eu precisava dessa energia. E eu sabia que ela estava ao meu alcance, basta me abrir para ela, para as pessoas ao meu redor, para a vida que ainda tinha tanto a me oferecer.

Eu comecei a perceber, com clareza, o quanto o ambiente em que nos inserimos molda nossa maneira de ser, de pensar, de agir.

Quando estamos cercados por pessoas que, por algum motivo, estão perdidas ou afastadas de seus próprios valores, é como se nos tornássemos parte desse vórtice, arrastados pela correnteza de pensamentos e comportamentos que não necessariamente representam quem realmente somos. O peso de um grupo negativo é imenso, e a tendência é que, aos poucos, nossa individualidade se perca, se desfaça, e passemos a adotar uma forma de ver o mundo que não é nossa, mas que, de tão repetida, passa a parecer a única opção.

É estranho, mas talvez você já tenha experimentado isso: quando estamos no meio de um grupo de pessoas que, por exemplo, falam mal dos outros o tempo todo, criticam, espalham ódio ou têm uma visão distorcida da vida, essa atitude começa a se espalhar por todos, quase como uma doença invisível.

Não é que nos tornemos mal-intencionados, mas o próprio peso das palavras e das ações daqueles ao nosso redor vai nos influenciando, vai nos moldando. Em um momento, você está ali, apenas ouvindo, talvez sem se envolver diretamente, e, no outro, está falando coisas que nunca imaginaria dizer, ou tomando atitudes que antes pareciam distantes de sua realidade.

É como se um espírito coletivo tomasse conta. Cada pensamento se enreda ao outro, e o que começou como uma ideia individual se transforma em um grande movimento que dita o tom das nossas ações. Não importa o quão forte você seja, se está cercado de negatividade, a tendência é que você se deixe levar. Por mais que tentemos resistir, o poder de uma mentalidade coletiva, seja ela boa ou ruim, tem um impacto profundo sobre nossa postura. Aqueles pensamentos, aquelas conversas, as escolhas de cada um, começam a invadir a nossa própria mente e, em algum ponto, começamos a questionar as nossas próprias decisões, a duvidar do que achávamos ser certo.

Eu, por muito tempo, vivi imerso nesse tipo de ambiente. E percebi que a minha visão da vida, a forma como lidava com as pessoas, com os meus próprios problemas, era um reflexo das vozes ao meu redor. O círculo que eu havia criado para mim estava recheado de inseguranças, de críticas e de desconfianças, e isso refletia em todas as minhas ações.

Aquilo se tornava tão natural que, em determinado momento, já não sabia mais distinguir o que era meu e o que havia sido imposto pelo ambiente.

Mas, quando você se distanciou um pouco, quando você se vê em um novo espaço, cercado por pessoas que têm uma visão diferente, mais positiva, mais construtiva, você começa a perceber o quanto o ambiente pode fazer a diferença na sua vida.

Foi quando eu experimentei isso, quando percebi o quanto era possível mudar a minha forma de viver, de olhar para os outros e para mim mesmo, que a ficha caiu. Eu precisava me afastar daqueles que não me alimentavam espiritualmente, daqueles que não me ajudavam a crescer, mas me puxavam para baixo, que não me permitiam ser quem eu realmente era.

E, embora fosse difícil, o que me deu a força para quebrar esse ciclo foi justamente o entendimento de que o poder de um grupo pode, sim, ser algo positivo, mas também pode ser um peso esmagador.

A escolha do ambiente, das pessoas com as quais nos cercamos, é, sem dúvida, um dos maiores reflexos de quem estamos nos tornando.

E eu estava determinado a escolher um novo caminho. Porque, no fim das contas, todos nós temos uma escolha. A questão é: o quanto estamos dispostos a mudar, a nos distanciar das influências que não nos fazem bem e a buscar uma nova realidade? Eu aprendi que a mudança começa em nós, mas ela só acontece de verdade quando mudamos o nosso círculo, mudamos a nossa energia, mudamos as vozes que permitem ecoar dentro de nossa mente.

Os dias que se seguiram foram, de fato, diferentes. Havia algo novo no ar, uma leveza que eu não sentia há muito tempo. Cada amanhecer parecia trazer uma esperança renovada, um suspiro de vida que antes me escapava. Eu começava a perceber as pequenas coisas, os detalhes que passavam despercebidos na correria do dia a dia. O canto dos pássaros logo pela manhã, o cheiro de café recém passado, o calor do sol que entrava pela janela. Tudo parecia ter um significado diferente, como se o mundo estivesse se abrindo diante de mim com uma perspectiva nova e mais clara.

Naqueles dias, minha oração se tornou um hábito constante. Não era mais algo apenas ritualístico ou uma obrigação. Não, agora era uma conversa íntima com Deus, uma troca silenciosa, mas profunda. Eu orava não só pelas respostas que buscava, mas pela gratidão que começava a brotar em meu coração.

Orava pela minha família, pelas pessoas ao meu redor, mas, principalmente, orava por mim mesmo.

Pelos medos que ainda carregava, pelas feridas que estavam começando a cicatrizar, pelos sonhos que, embora tímidos, estavam sendo reacendidos dentro de mim. Cada oração, cada palavra sussurrada ao vento, sentia como se fosse um passo mais perto da paz que tanto almejava.

Havia dias em que a ansiedade ainda surgia, como uma sombra, querendo me acompanhar de volta para os velhos hábitos de preocupação e insegurança. Mas, nesses dias, eu me lembrava de tudo o que havia vivido. Da transformação que senti no peito, da renovação que aconteceu dentro de mim. Eu respirava fundo, me ancorava nas palavras de fé, e deixava Deus me guiar. Porque, agora, eu sabia que não estava mais sozinho nessa caminhada. O amor d'Ele estava comigo, me envolvendo, me sustentando.

E aos poucos, os frutos começaram a aparecer. As noites de insônia deram lugar a um sono mais tranquilo. A tristeza que por muito tempo parecia ser uma companhia constante foi se dissipando, dando lugar a uma paz silenciosa, mas real.

Eu comecei a ver as pessoas ao meu redor de maneira diferente, com mais empatia, mais compreensão. Meus olhos estavam mais atentos ao que realmente importava, ao que fazia meu coração bater com mais intensidade. Eu entendia que a verdadeira mudança não acontecia em grandes gestos, mas nos pequenos momentos: nas palavras gentis que trocava com os outros, na maneira como tratava a mim mesmo, no modo como via o mundo ao meu redor.

Nos momentos mais silenciosos, eu sentia uma conexão profunda com Deus. Ele não estava distante, não era uma entidade inalcançável, mas uma presença viva e pulsante dentro de mim, guiando meus passos, fortalecendo minha fé. Eu sabia que, mesmo nos momentos de luta, Ele estaria comigo, e que a força e o amor d'Ele seriam suficientes para me fazer seguir em frente.

Os dias que se seguiram foram um novo começo, uma chance de reescrever minha história. Cada passo era uma descoberta, cada oração era uma afirmação de que eu estava no caminho certo. Eu não sabia o que o futuro me reservava, mas agora, com fé e confiança, estava pronto para seguir em frente, acreditando que o melhor ainda estava por vir.

Depois disso, todas as noites, quando o silêncio da casa se tornava profundo e a escuridão tomava conta do meu quarto, eu me encontrava dobrando os joelhos diante de Deus.

Era um momento só meu, um encontro íntimo com o Criador, onde não havia pressa, não havia cobrança, apenas uma conexão sincera, pura. O quarto parecia se tornar um santuário, onde minha alma se entregava, onde meus pensamentos podiam fluir sem restrições. Eu orava em silêncio, com a certeza de que cada palavra, cada sentimento, chegava até Ele como uma oração silenciosa de gratidão.

Agradecia, acima de tudo, pela vida. Pela oportunidade de acordar mais um dia e respirar fundo, sentir o pulsar do coração, esse dom simples, mas tão precioso. Agradecia por aquilo que me foi dado: a saúde que ainda restava, o alimento que preenchia minha mesa e o abrigo que oferecia proteção contra o mundo lá fora.

Mas também agradecia por aquilo que me fora tirado, pela dor que senti, pelas perdas que vivi, porque nelas, de alguma forma, encontrei a força para crescer, para me reconstruir. A cada perda, aprendi a valorizar mais o que tinha, a entender o valor das pequenas coisas que, muitas vezes, passavam despercebidas.

E, acima de tudo, agradecia pelas pessoas que amava e que estavam ao meu lado. Cada uma delas era uma bênção. A família, os amigos, todos aqueles que, de uma forma ou de outra, fizeram parte da minha história, se tornaram presentes essenciais na minha vida. Cada rosto querido, cada abraço apertado, cada sorriso compartilhado... tudo isso era um tesouro. E no silêncio daquelas orações, eu reconhecia o quanto essas relações eram fundamentais para meu equilíbrio, para minha paz.

Naqueles momentos de reflexão, comecei a entender algo profundo: a vida humana, com todas as suas complexidades, é um piscar de olhos no grandioso ciclo do universo. Somos, de fato, menores que um grão de areia, perdidos na imensidão de algo que jamais conseguiremos compreender completamente. O tempo, esse companheiro incansável, escapa entre nossos dedos a cada segundo. E, nesse pensamento, percebia como a nossa existência é efêmera. E com isso, veio a compreensão de que o presente é tudo o que realmente temos.

Sonhar com o futuro é um impulso natural, uma maneira de nos movermos para frente, de nos mantermos motivados. Mas, ao mesmo tempo, não podemos esquecer de viver o agora.

Não podemos deixar que a pressa de conquistar o amanhã nos roube a beleza do hoje. O presente, com todas as suas imperfeições e desafios, é o único momento que verdadeiramente podemos tocar. É onde a vida acontece, onde a graça de Deus se revela em cada detalhe, em cada respiração, em cada gesto de amor.

O passado, com todas as suas alegrias e dores, já se foi. As areias do tempo que correram não podem mais ser recuperadas, não podem ser revertidas. Já não há como voltar atrás e corrigir o que foi feito. Por mais que o passado nos ensine lições valiosas, ele não pode ser o nosso foco constante.

O que importa, o que verdadeiramente devemos cuidar, é o presente. E é ele que devemos viver da melhor forma possível, com gratidão, com sabedoria, com coragem.

Porque, ao final, a vida é feita do agora. E o que fazemos com esse tempo é o que realmente define quem somos.

Assim, todas as noites, dobrando os joelhos, entregava meu coração a Deus. E, ao fazer isso, não apenas me entregava em oração, mas me entregava ao presente, a tudo o que eu tinha naquele momento.

Com fé, com gratidão, com a esperança de que, daqui para frente, tudo seria diferente, porque eu estava mais consciente de que a verdadeira vida se vive no aqui e agora.

Você acredita em super-heróis?

No mundo de hoje, em algum momento da vida, todos nós experimentamos a sensação de paz, sucesso, prosperidade, amor e bem-estar. Há dias em que o sol parece brilhar mais forte, em que os caminhos se abrem diante de nós e sentimos que tudo está exatamente onde deveria estar. Mas, assim como a luz existe, a sombra também se faz presente. Inevitavelmente, chegam os dias cinzentos, os momentos em que a tristeza nos abraça, a angústia nos consome e a mágoa nos pesa no peito. Há dias em que sentimos que fracassamos, que nossos sonhos estão distantes demais, inalcançáveis, como se fossem meros devaneios de uma mente cansada.

Mas aqui está a verdade: somos seres humanos. E ser humano é ser resistente.

É cair e levantar, tropeçar e seguir em frente. Somos criaturas moldadas pelo tempo, forjadas na batalha diária entre o que queremos ser e o que a vida nos desafia a enfrentar. A resiliência corre em nosso sangue. Desde o momento em que nascemos, lutamos para sobreviver, para aprender, para crescer. Se existe algo de verdadeiramente extraordinário neste mundo, é a nossa capacidade de nos adaptar e superar.

Diga-me, então: você ainda duvida que existem super-heróis?

Não falo daqueles que vestem capas ou voam pelos céus, mas daqueles que enfrentam a vida com coragem todos os dias. Super-heróis são aqueles que carregam suas cicatrizes com orgulho, que transformam dores em aprendizados, que enxergam nos desafios uma oportunidade de crescimento.

Super-heróis são aqueles que, mesmo depois de tantas quedas, encontram forças para se levantar.

E você, já percebeu o quão extraordinário é?

Somos seres incríveis, dotados de uma capacidade sobrenatural de criar, sentir, se adaptar, sonhar e, principalmente, de nos superar.
 Pense bem: se somos capazes de reescrever a nossa história a cada novo dia, por que deixaríamos que uma pedra no caminho nos fizesse desistir? Por que permitiríamos que um obstáculo definisse o fim da nossa jornada?

A resposta é simples: não permitiríamos.

Os desafios não existem para nos parar. Eles existem para nos fortalecer, para nos ensinar o valor da persistência, para nos tornar mais determinados. Cada dificuldade superada nos dá uma nova camada de força, nos molda, nos afia, nos transforma na melhor versão de nós mesmos.

Então, da próxima vez que sentir que não é capaz, lembre-se disso: você é mais forte do que imagina. Você é um guerreiro, um sobrevivente, um verdadeiro super-herói da vida real. E nenhum obstáculo jamais será maior do que a sua vontade de vencer.

Então, cabe a mim abraçar essa capacidade única que temos de nos reinventar, de nos refazer a cada novo dia, de romper as barreiras que tentam nos aprisionar.

Sejam elas físicas, emocionais ou até mesmo aquelas que criamos dentro de nós, vestidas de medo e insegurança. Somos capazes de muito mais do que imaginamos, mas, para isso, precisamos manter acesa a chama que nos impulsiona, aquela centelha que nos faz levantar todas as manhãs e seguir adiante, mesmo quando o caminho parece incerto.

É nos momentos mais inóspitos que as soluções surgem. Às vezes, elas brotam como pequenas flores em meio ao asfalto, nascendo de onde menos esperamos. Outras vezes, vêm de mãos que jamais imaginamos estendidas em nossa direção, de pessoas que cruzam nosso caminho para nos mostrar que não estamos sozinhos, que ainda há esperança.

Por isso, não perca a sua fé. Segure firme naquilo que acredita, mesmo quando tudo parecer desmoronar. A fé é como uma bússola em meio à tempestade, guiando-nos quando nossos olhos não conseguem enxergar um palmo adiante. Mas a fé, por si só, não basta. Ela precisa caminhar lado a lado com a ação.

Trabalhe incansavelmente para superar suas limitações. Não espere pelo momento perfeito, pelo cenário ideal, pela certeza absoluta. A vida acontece no agora, e cada passo que damos, por menor que pareça, é um passo em direção à nossa própria vitória. O impossível só existe até o momento em que decidimos enfrentá-lo. E, acredite, quando você se propõe a desafiar seus próprios limites, descobre que a maior força que existe sempre esteve dentro de você.

O que você quer da sua vida?

Você já se perguntou, com total sinceridade, o que realmente quer da vida? Não o que os outros esperam de você, não o que a sociedade impõe, mas aquilo que, lá no fundo, faz seu coração bater mais forte? Muitas pessoas passam uma vida inteira sem jamais refletir sobre isso. Seguem um roteiro pré-estabelecido, vivem no modo automático, prisioneiras da rotina que, ao longo dos anos, se torna quase uma segunda pele.

Há quem ame a rotina, quem encontre segurança no previsível. Essas pessoas se sentem confortáveis ao repetir os mesmos hábitos, dia após dia, como se cada ação fosse um alicerce que mantém suas vidas em equilíbrio. Mas e quando algo muda? Quando o inesperado acontece e o mundo sai dos trilhos? Muitas vezes, uma mudança brusca pode ser suficiente para desestabilizar completamente alguém que sempre se agarrou ao conhecido. O desconforto da incerteza pode gerar inquietação, ansiedade e, em alguns casos, até depressão.

Mas e se, ao invés de temer a mudança, aprendêssemos a enxergá-la como uma nova chance? Uma oportunidade de recomeçar, de experimentar o novo, de se reinventar? A vida é um bem precioso, único, e cada momento que passa nunca mais voltará. Quando entendemos isso, quando realmente absorvemos essa verdade, começamos a enxergar o tempo como o tesouro mais valioso que temos.

E o que estamos fazendo com esse tempo? Será que estamos gastando nossas horas com aquilo que realmente nos faz felizes? Ou estamos apenas sobrevivendo, deixando os dias escorrerem por entre os dedos sem sequer perceber? O tempo é um bem que ninguém pode comprar, ninguém pode armazenar. Ele passa, e a única coisa que podemos fazer é decidir como vamos aproveitá-lo.

Então, mais uma vez, eu te pergunto: o que você realmente quer da sua vida?

Talvez o verdadeiro prazer da vida esteja nas pequenas coisas, na simplicidade dos momentos que muitas vezes passam despercebidos. Talvez esteja no caminhar despretensioso ao lado dos filhos em um fim de tarde, sentindo a brisa suave acariciar o rosto enquanto o sol se despede no horizonte, tingindo o céu com tons dourados e alaranjados. Ou no riso espontâneo ao ensinar o filho a chutar uma bola pela primeira vez ou na empolgação da filha ao finalmente se equilibrar no patinete.

Esses instantes, aparentemente comuns, são, na verdade, a essência da vida. São fragmentos de felicidade genuína, guardados no coração, prontos para serem revisitados nos dias em que precisarmos lembrar o que realmente importa. Quando os anos passarem e nossa história for contada em nossas próprias memórias, os momentos que mais nos tocarão não serão as promoções no trabalho, os bônus inesperados ou a conquista de um carro novo. Tudo isso é passageiro, efêmero.

O dinheiro vem e vai, o status pode subir ou cair, mas o que permanece, o que realmente constrói a nossa existência, são os laços que cultivamos e as lembranças que criamos ao lado das pessoas que amamos.

A vida não se resume a números em uma conta bancária ou títulos em um currículo. No fim das contas, o que mais terá valor serão as conversas longas na varanda, os abraços apertados, os sorrisos compartilhados, as histórias contadas antes de dormir. São esses detalhes que fazem a vida valer a pena.

E você? Como tem conduzido sua jornada? Está no controle da sua vida ou apenas seguindo no piloto automático, deixando os dias se arrastarem sem direção? Está vivendo cada momento com presença e intensidade ou apenas existindo, esperando que a vida aconteça?

A estrada está diante de você. Cabe a cada um decidir se apenas observa a paisagem passar ou se toma o controle e faz da viagem algo realmente memorável.

Por muito tempo, fui apenas um espectador da minha própria vida. Sentado no banco do passageiro, eu via os dias passarem diante dos meus olhos, como uma estrada infinita onde eu não tinha controle sobre o destino.

Existiam dias bons, existiam dias ruins, e eu simplesmente aceitava cada um deles sem questionar, sem me perguntar se era ali que eu realmente queria estar. Eu seguia o fluxo, levado pelas circunstâncias, sem ousar pegar o volante e mudar a rota.

Quando algo mudou dentro de mim foi um despertar, uma centelha que me fez perceber que eu não precisava mais ser conduzido pelos ventos do acaso. A estrada à minha frente não estava escrita em pedra, e eu, afinal, não era um mero passageiro. Eu podia tomar as rédeas da minha jornada, podia decidir qual caminho trilhar e, mais do que isso, lutar ativamente para chegar onde sempre sonhei.

Percebi que os sonhos não são apenas imagens distantes que admiramos de longe, como paisagens que passam pela janela do carro. Eles são destinos que podemos alcançar se tivermos coragem de assumir o controle. Eu não precisava mais esperar que a vida me dissesse para onde ir. Eu podia escolher. Eu podia construir. Eu podia escrever minha história com minhas próprias mãos. E assim, com essa nova consciência, algo dentro de mim se transformou. Eu já não era o mesmo. E senti que estava, de fato, no comando da minha própria viagem.

Como você quer viver?

Já mencionei antes, mas preciso reforçar: houve um tempo em que caí em um estado profundo de tristeza. A pessoa que eu mais amava, aquela que um dia foi meu porto seguro, simplesmente decidiu partir. Nosso relacionamento, antes tão intenso, havia se desgastado pouco a pouco, e quando percebi, tudo o que restava eram as memórias e um vazio imenso dentro de mim.

Foi como se, de uma hora para outra, o mundo tivesse perdido suas cores. A comida não tinha mais gosto, o som da música, que antes me fazia viajar por emoções e lembranças, agora parecia apenas um ruído distante e sem significado. Os lugares que um dia me encantaram se tornaram indiferentes, e as pessoas ao meu redor, mesmo aquelas que me amavam e tentavam me ajudar, pareciam apenas vozes incômodas, como ecos distorcidos que machucavam em vez de confortar.

A vida ficou pesada. Acordar todas as manhãs era como carregar uma mochila cheia de pedras, um peso que me curvava e tornava impossível ver o horizonte. Cada dia parecia uma eternidade, e as noites, intermináveis. O silêncio, antes acolhedor, se tornou ensurdecedor. Meus pensamentos giravam em círculos, revivendo cada detalhe do que havia dado errado, buscando respostas que nunca vinham.

Eu me sentia aprisionado dentro de mim mesmo. O mundo lá fora continuava a girar, mas eu estava parado, congelado no tempo, incapaz de seguir em frente. Tudo o que eu queria era fugir daquela dor, mas não sabia como. E foi nesse abismo que precisei fazer uma escolha: continuar existindo naquele estado de escuridão ou encontrar uma maneira de, pouco a pouco, voltar a viver.

Quando alguém lhe disser que está sofrendo, que algo dentro dela dói de uma maneira que parece insuportável, acredite. Não tente minimizar a dor. Não diga que vai passar como se fosse apenas um contratempo qualquer. Porque, para quem sente, essa dor é real. Eu sei disso porque vivi na pele.

Naquela fase sombria da minha vida, a tristeza não era apenas um sentimento abstrato, algo que se limitava à mente e às emoções. Não. Era algo físico, algo que queimava no peito como se uma mão invisível me apertasse o coração com força, impedindo-me de respirar direito.

Não era só psicológico, era uma dor que se espalhava pelos músculos, tornava meus ossos pesados, minha pele fria. Um cansaço profundo, um desânimo que ia além do que as palavras podiam explicar.

Eu, homem feito, como dizia meu pai, um "barbado" que já tinha enfrentado tantos desafios da vida, de repente me vi reduzido à fragilidade de uma criança perdida. Não sabia como lidar com a ausência, não sabia como conviver com o vazio deixado por quem partiu.

Foram incontáveis noites em claro, nas quais as lágrimas pareciam brotar de um poço sem fundo. Chorei tanto que, em algumas dessas noites, o próprio choro me fez adormecer. Mas o descanso não durava muito. Logo depois, eu despertava em meio a soluços, o peito arfando, como se a tristeza não me permitisse esquecer nem por um instante o que eu estava sentindo.

Era um ciclo interminável. Acordar, lembrar, doer, chorar, dormir, acordar chorando outra vez.

E, no meio disso tudo, a vida seguia seu curso. O mundo lá fora continuava girando, as pessoas continuavam rindo, conversando, amando, vivendo. Mas dentro de mim, tudo estava suspenso, congelado no tempo da dor.

Depois de meses arrastando essa dor como se fosse uma sombra que nunca me deixava, algo dentro de mim começou a se questionar: é assim que eu quero viver pelo resto da minha vida?

Foi um pensamento que surgiu quase como um sussurro, uma voz tímida em meio ao caos dos meus sentimentos. Mas, aos poucos, ele foi ganhando força. Comecei a perceber que eu estava preso a algo que já não existia mais, acorrentado a uma lembrança, a um passado que, por mais que eu quisesse, não poderia ser reescrito. Eu havia colocado minha felicidade nas mãos de outra pessoa, confiado a ela a responsabilidade pelo meu sorriso, pelo meu brilho nos olhos. E agora que essa pessoa tinha decidido partir, o que restava de mim?

A verdade era dura, mas inegável: eu não tinha mais controle sobre aquela história. Eu não podia mudar a escolha dela. Não podia trazê-la de volta. Eu não era dono do destino dela, mas ainda era dono do meu. E era essa parte que eu precisava entender de uma vez por todas.

Foi então que percebi que continuar sofrendo daquela maneira não era uma questão de amor ou saudade. Era uma escolha. Dura, inconsciente, mas ainda assim uma escolha.

Eu poderia continuar me alimentando daquela dor, remoendo as lembranças, me afogando no que poderia ter sido... ou poderia, finalmente, aceitar. Deixar ir. Soltar as amarras que eu mesmo tinha criado e me permitir seguir em frente.

Eu não queria mais ser um prisioneiro do que já não existia. Eu queria recuperar minha vida, reencontrar minha essência, me reconstruir.

Mas, para isso, eu precisava dar um primeiro passo. E esse passo começava dentro de mim.

No início, quando tentei pensar em como queria viver minha vida dali para frente, a verdade é que não encontrei resposta. Meus sonhos pareciam ter derretido como gelo sob um sol escaldante, evaporando diante da realidade da minha perda. Tudo o que um dia planejei, tudo o que imaginei para o meu futuro, agora parecia distante, inalcançável, como se pertencesse a outra pessoa, a outra versão de mim que já não existia mais. Mas, se eu não sabia exatamente como queria viver, pelo menos uma coisa eu tinha certeza: não queria continuar vivendo assim.

Eu não queria mais ser refém dessa dor, não queria mais me arrastar pelos dias carregando um vazio no peito, sufocado por lembranças que já não me pertenciam. Não queria mais me ver no espelho e enxergar apenas os olhos cansados de alguém que perdeu o brilho e a esperança. As pessoas ao meu redor, amigos, familiares, até mesmo desconhecidos que percebiam meu abatimento, tentavam me erguer, me dar palavras de incentivo. Diziam que tudo era apenas uma fase, que eu precisava encontrar forças para seguir em frente, que essa dor um dia se tornaria apenas uma cicatriz e que, de alguma forma, eu sairia mais forte disso.

Quem foi embora já decidiu seu caminho. Agora era a hora de decidir o meu.

Minha mente tentava absorver as palavras das pessoas, conselhos, reflexões, tentava se convencer de que eles estavam certos, de que aquela dor não podia definir o resto da minha vida. Mas meu coração... ah, meu coração não ouvia a razão. Ele ainda pulsava pelo que já não existia. Ainda se prendia às lembranças, aos sorrisos, às promessas que um dia foram feitas. Era como se uma parte de mim ainda insistisse em acreditar que, de alguma forma, o passado poderia ser recuperado.

Mas, no fundo, eu sabia. Sabia que não poderia viver assim para sempre. Sabia que, por mais difícil que fosse, eu precisava encontrar um novo caminho. Eu precisava, de alguma forma, reaprender a sonhar.

Para transformar a realidade, para sair de um momento sombrio ou superar uma fase difícil, é preciso muito mais do que simplesmente força. A vida, em sua imprevisibilidade, não poupa ninguém. Ela derruba, desafia, testa os limites da alma. E o verdadeiro ponto não é o quão forte você pode ser para enfrentá-la de peito aberto, mas sim o quanto você é capaz de se reerguer após cada queda.

Porque, acredite, você vai cair. Todos nós caímos. Em algum momento, a dor será insuportável, o cansaço será esmagador, e a vontade de simplesmente desistir pode parecer tentadora. Mas é aí que reside a verdadeira diferença entre aqueles que permanecem aprisionados no sofrimento e aqueles que renascem das cinzas. Não se trata de evitar as quedas — elas são inevitáveis. Trata-se de aprender a levantar. De encontrar dentro de si mesmo uma força que, talvez, você nem soubesse que existia.

E essa força, muitas vezes, não vem em um grande momento de iluminação.

Ela surge devagar, silenciosa, no simples ato de abrir os olhos pela manhã e decidir tentar mais uma vez. No instante em que você escolhe respirar fundo, dar um passo, depois outro, mesmo sem saber exatamente para onde está indo. Ela se manifesta na persistência, na resiliência, no desejo incontrolável de seguir em frente, apesar da dor, do medo, da incerteza.

A vida vai te testar, vai te levar ao limite. Mas cabe a você decidir se será apenas alguém que foi vencido pelos golpes ou se será aquele que, mesmo caído, encontra forças para se levantar. E, quando se levantar, perceberá que, por mais doloroso que tenha sido o caminho, cada ferida foi uma lição, cada cicatriz, uma prova de que você sobreviveu. E, acima de tudo, que ainda há muito para viver.

Não há um único ser humano que tenha atravessado a vida sem conhecer a dor de uma decepção. Todos, em algum momento, experimentam a ferida aberta de um amor que não deu certo, a traição inesperada de um amigo em quem confiavam cegamente, ou até mesmo a mágoa causada por alguém da própria família. Por mais que tentemos nos proteger, a verdade é que viver significa, inevitavelmente, enfrentar essas dores.

E elas chegam sem aviso, tomando conta dos nossos dias, se instalando na nossa mente e no nosso peito como um peso difícil de carregar.

Às vezes, sentimos que estamos afundando, que não há saída, que fomos destruídos de uma forma que nunca mais nos permitirá ser os mesmos. E, de fato, não seremos. Mas isso não significa que seremos menos, pelo contrário.

O erro não está em cair. O erro está em acreditar que não podemos nos levantar. Porque cairemos, e cairemos muitas vezes. A vida não é feita apenas de caminhos retos e seguros. Ela tem curvas inesperadas, desníveis traiçoeiros, buracos ocultos que só percebemos quando já estamos dentro deles. E, nesses momentos, temos duas escolhas: permanecer no chão, lamentando a queda, ou encontrar forças para levantar, sacudir a poeira e seguir adiante.

E vou te dizer uma coisa: levantar nem sempre é fácil. Há dias em que o corpo pesa, a alma se recusa a reagir, e a vontade de desistir fala mais alto. Mas é nesses dias que precisamos nos lembrar do que realmente importa. Do que queremos para nós, do que merecemos. Precisamos entender que cada cicatriz é uma história de superação, que cada dor enfrentada nos ensina a sermos mais fortes.

Então, quando a vida te derrubar — e acredite, ela vai —, não tenha medo de cair. Apenas tenha certeza de que você sempre encontrará um motivo para se levantar.

Cair é inevitável, mas permanecer no chão é uma escolha

E essa escolha, embora pareça confortável no início, ficar ali no chão, chorando e se lamentando, esperando um evento milagroso acontecer em sua história, acaba se transforma em uma prisão. Porque a vida não espera que nos recuperemos, ela continua avançando, impiedosa, cobrando de nós reações que, às vezes, não temos forças para dar. Se ficarmos ali, imóveis, esperando que a dor passe por si só, o que acontece é exatamente o oposto: ela se fortalece, se alimenta da nossa inércia, se torna ainda mais cruel. A vida continua nos golpeando, e, se não nos levantarmos a tempo, chegará o momento em que estaremos tão machucados que até erguer a cabeça será um esforço sobre-humano.

Foi por isso que, mesmo despedaçado, decidi me levantar. Não foi um ato heroico, não foi algo que fiz de uma vez só e nunca mais olhei para trás. Pelo contrário.

Me levantar foi um processo doloroso, um ato repetitivo e exaustivo, porque, sempre que eu tentava ficar de pé, parecia que algo me puxava de volta para o chão.

A tristeza, as lembranças, a saudade, o peso de tudo que eu havia perdido... Era como se um imã invisível me arrastasse para baixo, me impedindo de seguir adiante.

E eu caí. Muitas e muitas vezes. Houve dias em que achei que nunca conseguiria sair daquele lugar escuro onde minha mente havia me aprisionado. Mas, a cada vez que eu me erguia, mesmo que por pouco tempo, algo dentro de mim se fortalecia. Meu olhar começou a mudar. Em vez de focar apenas na dor, passei a enxergar o caminho à minha frente. E percebi que, se eu caísse dez vezes, precisava me levantar onze. Essa era a única saída.

Foi um processo. Comecei a buscar ajuda, a alimentar minha mente com pensamentos melhores, a me afastar do que me afundava ainda mais. Tentei me cercar de coisas que pudessem me dar ânimo, ainda que, no início, tudo parecesse sem sentido.

E, pouco a pouco, fui sentindo que minha força voltava. Não de uma maneira grandiosa, não como uma reviravolta repentina e cinematográfica, mas como uma chama fraca que, a cada dia, ganhava um pouco mais de vida.

E foi assim que eu comecei a me reconstruir. Com passos pequenos, com quedas frequentes, mas com a certeza de que, por pior que fosse a tempestade, eu precisava continuar. Porque viver é isso: um eterno cair e levantar. E eu decidi que, por mais que a vida tentasse me derrubar, eu sempre encontraria forças para me reerguer.

Assim como nosso corpo precisa de alimento para se manter forte e saudável, nossa mente também precisa ser nutrida para se manter equilibrada. Mas, diferente do corpo, que se alimenta de comida, a mente se alimenta do que vemos, ouvimos e sentimos todos os dias. E, sem perceber, tudo isso molda a forma como pensamos, reagimos e, no fim, como vivemos.

Os pensamentos são como sementes. O que você planta em sua mente, cedo ou tarde, se transforma em algo maior.

Se você se alimenta constantemente de negatividade, de palavras que diminuem seu valor, de ambientes tóxicos que sugam sua energia, sua mente será um campo infértil, dominado pelo medo, pela insegurança e pela dor.

Mas, se você escolher alimentar sua mente com bons pensamentos, com palavras que te elevam, com experiências que te fortaleça, então, pouco a pouco, sua mentalidade se transforma.

O que entra pelos nossos olhos e ouvidos constrói nossos pensamentos, e esses pensamentos determinam nossas ações. As ações, quando repetidas, tornam-se hábitos. E são os hábitos que, no fim das contas, definem nossos resultados. Se queremos mudar algo em nossa vida, precisamos começar mudando aquilo que colocamos dentro de nós.

Passei a perceber que muitas das minhas dores vinham daquilo que eu consumia emocionalmente. Eu me alimentava do passado, da tristeza, das lembranças de tudo que havia dado errado. Era como reviver o mesmo sofrimento, dia após dia, sem me dar a chance de respirar algo novo. Foi quando entendi que, se eu quisesse mudar meu destino, precisava mudar o que eu permitia entrar na minha mente.

Comecei a evitar tudo que me puxava para trás. Escolhi músicas que me faziam sentir vivo, em vez daquelas que me afundavam ainda mais na dor.

Passei a buscar palavras que me inspirassem, ao invés das que me lembravam do que eu havia perdido. Troquei conversas vazias por diálogos que me ensinavam algo. E, aos poucos, minha mente começou a se reprogramar.

Foi um processo longo e, muitas vezes, doloroso. Não foi fácil mudar hábitos que estavam enraizados há tanto tempo. Mas, a cada pequena mudança, eu sentia que algo dentro de mim ganhava força. E, com o tempo, percebi que minha vida estava, finalmente, começando a seguir um novo caminho.

Muitas pessoas utilizam as redes sociais apenas como uma forma de distração, um refúgio momentâneo para escapar da realidade. Passam horas assistindo a vídeos engraçados, mergulhando em fofocas, consumindo conteúdos vazios que, no fim do dia, não agregam nada em suas vidas.

Algumas, presas em vícios silenciosos, usam essas plataformas para se perder ainda mais, consumindo pornografia em segredo ou se envolvendo em conversas sem propósito, apenas para preencher um vazio que nunca parece se saciar.

Eu também usei as redes sociais, mas escolhi usá-las de uma maneira diferente. Em vez de apenas me distrair, decidi transformá-las em uma ferramenta de aprendizado e crescimento.

Passei a seguir pessoas que tinham algo valioso a ensinar, absorver conteúdos que me impulsionassem para frente, explorar novas ideias, buscar conhecimento que pudesse me tornar uma versão melhor de mim mesmo.

Foi nesse processo que descobri algo poderoso: nós somos aquilo que consumimos. Se alimentamos nossa mente com conteúdos rasos, nosso pensamento se torna raso. Se nos cercamos de negatividade, nossas emoções refletem essa escuridão. Mas, quando escolhemos absorver coisas que nos edificam, aos poucos, começamos a nos transformar.

Inclusive, escrever um livro foi uma das habilidades que desenvolvi nesse período turbulento. No meio das águas sombrias da minha alma, encontrei um farol na escrita. Transformar minha dor em palavras foi como dar sentido ao que parecia sem explicação, como organizar o caos que antes apenas me afundava.

Percebi, então, que não existe noite capaz de impedir o nascer do sol. O sol deve nascer não apenas no horizonte, mas dentro de nós—no coração e na mente. Quando trazemos a luz da análise crítica para nossas próprias ações, somos capazes de operar verdadeiros milagres internos.

A luz nos permite enxergar com clareza aquilo que, no escuro, parecia confuso. Ela revela nossos defeitos, sim, mas também ilumina nossas virtudes. Ela nos mostra não apenas onde erramos, mas também onde podemos acertar. Nos dá a visão necessária para entender o que precisa ser transformado para que possamos, enfim, encontrar uma nova felicidade.

E foi isso que fiz: deixei a luz entrar.

Exercício de transformação

Experimente um exercício simples, mas transformador: durante um mês, todas as noites, antes de dormir, reserve 20 minutos para refletir sobre o seu dia. Feche os olhos, respire fundo e percorra mentalmente cada momento vivido. Pergunte-se: "O que eu fiz hoje que me aproximou da pessoa que desejo ser? Quais foram as escolhas que fortaleceram meu crescimento? E o que, pelo contrário, me afastou do meu propósito?"

Não tenha medo de encarar suas próprias falhas. A análise crítica não existe para nos punir, mas para nos ensinar. Reflita com honestidade sobre os hábitos que limitam sua evolução. Foram palavras ditas no calor da emoção? Atitudes impulsivas que poderiam ter sido evitadas? Tempo desperdiçado com o que não agrega? Mas, acima de tudo, valorize cada pequeno progresso. Celebre as conquistas, mesmo as mais sutis—aquele instante em que você escolheu o silêncio em vez da discussão, quando decidiu agir com paciência, quando deu um passo, por menor que fosse, em direção aos seus sonhos.

Se você fizer esse exercício diariamente por 30 dias, perceberá algo surpreendente: sua visão sobre si mesmo começará a mudar. Você desenvolverá um nível profundo de consciência sobre suas atitudes, tornando-se mais presente, mais intencional em suas escolhas. Aos poucos, esse hábito moldará sua autoestima, fortalecerá sua disciplina e criará um ciclo positivo de crescimento.

Ao final desse período, você não será mais a mesma pessoa. Terá dado um salto significativo em sua jornada, porque terá aprendido algo que poucos entendem: a vida não melhora por acaso, mas por decisão.

E essa decisão começa quando nos tornamos verdadeiramente atentos àquilo que fazemos, pensamos e sentimos.

O esforço que você faz hoje será a fonte da sua alegria no futuro

A vida nos apresenta desafios que, muitas vezes, parecem intransponíveis. Eles pesam sobre nossos ombros, ocupam nossos pensamentos e tiram nosso sono. Mas há um segredo que poucos compreendem: quando paramos para refletir verdadeiramente sobre os problemas, quando os colocamos sob a luz do pensamento crítico, algo poderoso acontece. Enxergamos novas possibilidades, novas abordagens, novas soluções que antes estavam ocultas pelo medo e pela ansiedade.

Muitos dos problemas que enfrentamos parecem gigantescos apenas porque os olhamos de uma única perspectiva. Se os encararmos como um todo, podem parecer montanhas impossíveis de escalar. No entanto, há um método eficaz para lidar com qualquer obstáculo: dividi-lo em partes menores.

Ao fatiar um grande problema em pequenos desafios individuais, tornamos a caminhada mais leve e a solução mais acessível.

Imagine um enorme muro à sua frente. Se você tentar derrubá-lo de uma só vez, pode parecer impossível. Mas e se, em vez disso, você remover um tijolo por vez? Com paciência, estratégia e persistência, aquilo que parecia indestrutível se desfaz. Da mesma forma, quando enfrentamos dificuldades, precisamos fragmentá-las. Cada pequeno avanço é uma vitória. Cada passo dado na direção certa nos aproxima da solução final.

A chave para superar qualquer adversidade não está em ter uma força sobre-humana para enfrentá-la de uma só vez, mas sim em desenvolver a habilidade de desmembrá-la e trabalhar nela de forma estratégica. Assim, o que antes parecia insuportável torna-se administrável. E, com o tempo, aquilo que um dia foi um grande problema se transforma apenas em mais uma história de superação em sua vida.

- Se há algo que aprendi nessa jornada, é que o futuro não é um lugar distante e inatingível.

Ele é construído a cada escolha que fazemos no presente. Cada pensamento que cultivamos, cada atitude que tomamos, cada decisão que fazemos hoje molda o amanhã que nos espera.

Por muito tempo eu vivi preso ao que ficou para trás, às dores que me assombravam, às lembranças de um passado que já não existia mais. Mas chega um momento em que precisamos tomar uma decisão: continuamos olhando para trás ou escolhemos seguir em frente? Eu escolhi seguir em frente. Escolhi acreditar que a vida ainda tinha muito a me oferecer, que havia novas histórias a serem escritas, novos sorrisos para serem compartilhados, novas experiências esperando por mim logo ali, no próximo passo.

A esperança é essa força invisível que nos move mesmo quando tudo parece escuro. É aquela pequena chama que insiste em brilhar dentro de nós, lembrando-nos de que a dor é passageira, mas os sonhos são eternos. E se há algo que ninguém pode nos tirar, é a nossa capacidade de sonhar.

Passei a visualizar o futuro que eu queria construir. Fechei os olhos e me imaginei vivendo uma vida plena, cercado de pessoas que amo, fazendo aquilo que me faz feliz, vivendo com propósito.

E acredite, quando começamos a enxergar o futuro com clareza, o presente ganha um novo sentido. Tudo passa a ser um degrau para chegar até lá.

E foi assim que dia após dia, fui me reconstruindo. Não da noite para o dia, não de maneira perfeita, mas com pequenos passos. Cada amanhecer era uma nova oportunidade de ser um pouco melhor do que ontem. Cada noite era um momento de gratidão por tudo que aprendi ao longo do caminho.

Se tem uma coisa que quero que você saiba, é que a dor não define ninguém. O que nos define é aquilo que fazemos depois dela. O que escolhemos construir a partir dos escombros. O futuro não está escrito, ele é um livro em branco, esperando para ser preenchido com as cores que escolhemos.

E hoje, ao olhar para frente, vejo um horizonte cheio de possibilidades. Vejo um novo capítulo da minha história se desenhando. E tenho certeza de que, independentemente do que aconteça, eu sempre terei a capacidade de recomeçar, de sonhar e de seguir em frente. Porque a vida é assim: um eterno renascer.

O ensinamento das experiências negativas

Você já parou para pensar no que as suas experiências negativas realmente ensinaram a você?

Muitas vezes, quando passamos por momentos difíceis, nos concentramos apenas na dor, na frustração e na sensação de perda. Sentimos que fomos injustiçados, que a vida nos virou as costas, e nos perguntamos por que certas coisas acontecem conosco. Mas será que já paramos para analisar, com calma e maturidade, o que cada uma dessas situações nos ensinou?

A dor tem um jeito peculiar de nos transformar. No início, ela parece um peso esmagador, algo impossível de suportar. Mas, com o tempo, percebemos que ela nos molda, nos obriga a crescer, a enxergar aspectos de nós mesmos que antes estavam ocultos. Cada decepção, cada tropeço, cada erro cometido carrega em si uma lição. No entanto, para aprender, precisamos estar dispostos a olhar além do sofrimento.

Pense em um momento difícil que você já viveu. Algo que, na época, parecia o fim do mundo. Agora olhe para trás e tente enxergar o que mudou em você depois dessa experiência. Você não é mais o mesmo. Talvez tenha se tornado mais forte, mais resiliente, mais seletivo com as pessoas ao seu redor. Talvez tenha aprendido a dizer "não", a se impor, a entender que nem tudo está sob seu controle. E isso não é crescimento?

A questão é que, quando estamos mergulhados na dor, não conseguimos ver nada além do sofrimento. Mas se conseguirmos mudar a perspectiva e perguntar: "O que isso está tentando me ensinar?" — começamos a abrir espaço para o aprendizado. A mente se expande, novas ideias surgem, e, de repente, aquilo que antes parecia um desastre se transforma em um degrau para algo maior.

A vida não nos poupa de desafios, e isso é uma certeza. Mas o que podemos escolher é como vamos encará-los. Podemos vê-los como castigos ou como oportunidades. Podemos nos tornar vítimas das circunstâncias ou protagonistas da nossa própria história. Saia da posição de vítima. A vida não admite vitimização.

Enquanto você se vê como alguém injustiçado, sempre haverá um culpado para os resultados que não alcançou.

Pode ser o amigo de trabalho que não produz, o chefe que não reconhece seu esforço, as condições que não favorecem seu crescimento, o parceiro ou parceira que não te apoia, ou até mesmo os filhos que "demandam demais". Mas a verdade é que, enquanto a culpa estiver fora de você, nada mudará.

Troque a palavra culpa por responsabilidade. Quando você disser que não fez algo por causa de outra pessoa, pare e lembre-se: a responsabilidade é sua. A responsabilidade de fazer ou não fazer é completamente sua. Somente quando entendemos isso, adquirimos o verdadeiro controle sobre nossas vidas. É assim que crescemos. É assim que realmente chegamos onde queremos chegar.

Seus comportamentos, suas atitudes e a forma como administra seu tempo são o que definem seus resultados. Olhe para sua vida agora. Tudo o que você tem — ou o que não tem — é um reflexo direto de suas escolhas. Se você quer algo novo, precisa agir de forma diferente. Não há como obter resultados diferentes repetindo as mesmas ações.

Pense na sua vida como o maior empreendimento que você já gerenciou. Cada passo, cada decisão, cada escolha é um investimento no seu futuro.

Tudo no mundo foi criado duas vezes: primeiro na mente e depois na realidade. Se você não gerencia bem o que está dentro de você, se sua mente está desorganizada, seus resultados também serão. Se deseja criar uma vida melhor, precisa primeiro organizar seus pensamentos, alinhar sua visão e se comprometer com novas ações.

Mudar a mente é mudar a vida. Mudar sua forma de ver o mundo, sua maneira de se relacionar, sua administração do tempo e do dinheiro. Essa é a única maneira de alcançar resultados que antes pareciam impossíveis.

Pensamentos prósperos criam uma vida próspera. Já pensamentos limitados geram barreiras invisíveis que impedem qualquer progresso. A escassez na mente resulta em escassez na vida. Mas quando você se permite expandir sua visão, começa a ver oportunidades onde antes via obstáculos.

E então, você vai continuar olhando para o passado ou vai usar tudo o que aprendeu para construir um futuro extraordinário?

Saiba que o erro, para muitos, é um fardo pesado, um lembrete doloroso de que falhamos em algo que tentamos.

Ele pode ser humilhante, frustrante, e às vezes parece uma barreira na qual jamais conseguiremos passar. Quantas vezes você já se sentiu paralisado por um erro? Quantas vezes já desistiu por medo de errar novamente?

A verdade é que a maioria das pessoas enxerga o erro da forma negativa, pois aprendemos desde cedo que errar é sinônimo de fracasso. Na escola, uma resposta errada é motivo de reprovação. No trabalho, um deslize pode significar uma advertência. Na vida pessoal, um equívoco pode custar um relacionamento, uma amizade ou até uma grande oportunidade. Mas o que poucos percebem é que errar faz parte do processo de evolução. O erro não é o fim da linha — ele é um degrau na escada do aprendizado.

Se você observar as grandes mentes da história, verá que todas falharam inúmeras vezes antes de alcançar o sucesso. Thomas Edison testou milhares de filamentos antes de conseguir criar a lâmpada elétrica. Walt Disney foi demitido de um emprego porque diziam que ele "não tinha criatividade".

Steve Jobs foi afastado da própria empresa antes de voltar e revolucionar o mundo da tecnologia. O que todas essas pessoas têm em comum? Elas não deixaram que os erros as definissem.

Pelo contrário, usaram os erros como combustível para chegarem ainda mais longe.

O problema não está no erro em si, mas na forma como reagimos a ele. Se enxergarmos o erro como um inimigo, ele nos paralisa. Mas se o encararmos como um professor, ele nos ensina. Tudo depende da nossa perspectiva.

Quando você erra, significa que está tentando. Significa que está saindo da sua zona de conforto e se permitindo aprender. O erro só se torna um problema quando você se recusa a aprender com ele.

Ao invés de se martirizar por ter cometido um erro, pergunte-se: O que posso aprender com isso? O que esse erro está tentando me mostrar?

Se você cair, levante-se mais forte. Se errar, corrija rápido e siga em frente. Mas, acima de tudo, não cometa os mesmos erros novamente. Erre de novas formas, experimente caminhos diferentes, ajuste suas estratégias. O erro só é um desperdício quando você se recusa a aprender com ele.

A cada erro, você se torna mais experiente. A cada falha, você se torna mais resiliente.

E a cada recomeço, você se aproxima mais do seu objetivo.

O erro te dá poder — se você souber usá-lo

Muitas pessoas deixam que o erro as paralise porque não suportam a crítica. Mas a crítica, por mais dolorosa que seja, também pode ser um valioso instrumento de crescimento. Claro, nem toda crítica é construtiva, e algumas são feitas apenas para machucar. Mas se conseguirmos filtrar o que realmente importa, podemos transformar até as críticas mais severas em degraus para o sucesso.

Aprenda a escutar, a processar e a usar as críticas a seu favor. Acolha os erros como aliados no seu caminho e ajuste a rota sempre que necessário.

Errar faz parte do jogo da vida. E aqueles que têm mais coragem para errar são também aqueles que têm mais chances de vencer.

Então, a pergunta que fica é: você vai continuar se escondendo do erro ou vai usá-lo como um trampolim para o seu crescimento?

Filosofia Oriental

Na filosofia oriental, há uma perspectiva fascinante sobre o erro: ou você acerta, ou você aprende. Não existe o conceito de falha no sentido negativo que estamos acostumados a enxergar. O erro não é um peso, não é um fardo, mas sim uma oportunidade de evolução. No entanto, na sociedade ocidental, a pressão pelo acerto é esmagadora. Desde pequenos, somos ensinados que errar é vergonhoso, que o fracasso deve ser evitado a qualquer custo. Crescemos ouvindo frases como "não faça nada errado", "não erre", "o erro pode te custar caro", e, assim, sem perceber, passamos a temer cada passo fora da zona de conforto.

Mas o que muitos esquecem é que o erro caminha lado a lado com o acerto. Aquele que mais erra é também aquele que mais aprende e, consequentemente, aquele que mais acerta. Pense nos grandes inovadores da história: nenhum deles acertou de primeira. Cada grande conquista foi precedida por inúmeros tropeços, ajustes e tentativas fracassadas.

O sucesso não é um momento isolado, mas sim o resultado de um processo de aprendizado contínuo.

O medo de errar nos paralisa. Ele nos impede de tentar coisas novas, de explorar novas oportunidades, de descobrir nossos verdadeiros talentos. Quantas vezes você já deixou de tentar algo por medo de falhar? Quantas portas poderiam ter se aberto se você tivesse dado o primeiro passo, mesmo sem ter todas as respostas?

O desconhecido assusta, mas é nele que reside o crescimento. O que hoje parece difícil e inatingível pode se tornar sua maior habilidade no futuro — basta que você tenha coragem de começar e persistência para continuar. Tudo na vida é questão de prática. Se você se dedicar a algo com disciplina e repetição, é impossível não se tornar bom nisso. Imagine um escultor diante de um bloco de mármore bruto. No início, tudo parece sem forma, sem propósito. Mas, com cada martelada precisa, cada ajuste, cada polimento, a obra-prima começa a surgir. Assim também somos nós: lapidados pelos erros, moldados pela persistência.

O talento pode ser um diferencial, mas não é ele que define o sucesso. A perseverança supera o talento todas as vezes. Quem não desiste, quem insiste, quem aprende com os próprios erros e segue tentando, inevitavelmente alcança a excelência.

E essa excelência, construída dia após dia, se torna a base de um futuro grandioso.

Portanto, enfrente os desafios, encare o desconhecido, abrace o erro como parte do caminho. Você não está aqui para ser perfeito — você está aqui para evoluir.

Eu descobri algo um tanto curioso, mas muito sábio: as pessoas que vencem são aquelas que conseguem virar a página do passado e seguir adiante. Já as pessoas que perdem, aquelas que vivem presas ao que já aconteceu, permanecem acorrentadas a memórias que não podem ser mudadas. Não importa se passaram cinco, dez ou vinte anos, elas continuam revivendo a mesma dor, remoendo os mesmos erros, recontando as mesmas histórias. O passado se torna uma prisão invisível, um ciclo interminável de sofrimento e frustração.

E o mais cruel é que, por mais que você sofra pelo que já aconteceu, nada pode ser feito para mudar isso. Nenhuma lágrima derramada, nenhuma noite de insônia, nenhuma mágoa sustentada tem o poder de reescrever a história. O passado já passou. O que podemos transformar é o presente e, mais do que isso, o futuro.

Me conta, você já conheceu alguém assim? Alguém que insiste em trazer à tona histórias antigas, como se fossem as únicas que têm para contar?

Pessoas que, em cada conversa, tiram do fundo do baú uma lembrança que já deveria ter sido deixada para trás? Muitas vezes, elas nem percebem o quanto estão presas, o quanto se recusam a viver o agora porque ainda estão ocupadas demais olhando para trás.

E sabe o que é pior? Quando o passado está carregado de dor, traumas ou situações mal resolvidas, ele se torna um peso que acompanha a pessoa por anos, às vezes por toda a vida. Como um fantasma que nunca vai embora, a lembrança daquilo que não pode ser mudado martela incessantemente dentro da mente, sugando a energia do presente, apagando as cores do futuro.

Mas o tempo não espera. Ele segue implacável, e cada dia que passamos presos ao passado é um dia a menos que temos para construir algo novo. E um dia, quando a ficha cair, pode ser tarde demais.

A verdade é que viver é um ato de coragem. É preciso força para soltar as correntes do que já passou, para deixar de lado o que não pode ser mudado e olhar para frente.

O futuro está esperando, cheio de possibilidades, mas ele só pode ser construído por aqueles que têm a coragem de avançar.

A pergunta que fica é: você está vivendo a sua vida ou apenas recontando a história de um tempo que já se foi?

E se eu te dissesse que essa pessoa de quem estou falando pode ser você? Sim, você, que está lendo este livro agora. Quantas vezes você já ocupou o solo fértil da sua mente com lembranças que não fazem mais parte da sua realidade? Quantas vezes desperdiçou horas preciosas remoendo o que já se foi revivendo momentos que já não podem ser mudados?

Nosso cérebro é um instrumento extraordinário, o mais avançado mecanismo de realização de sonhos que existe. Mas, em vez de usá-lo para projetar um futuro brilhante, muitas vezes o alimentamos com dores antigas, ressentimentos e lamentações que drenam nossa energia. É como se tivéssemos em mãos o computador mais potente já criado, capaz de processar informações complexas, criar soluções inovadoras e transformar ideias em realidade, mas escolhêssemos usá-lo apenas para abrir arquivos corrompidos do passado, travando todo o sistema.

Agora, pare por um momento e imagine: diante de você está esse supercomputador, uma máquina tão poderosa que pode mudar completamente sua vida.

Ele pode planejar grandes feitos, resolver os problemas mais desafiadores, criar estratégias para alcançar qualquer objetivo. Esse computador é o seu cérebro. Ele foi projetado pelo Criador para evoluir, se adaptar e se tornar cada vez mais eficiente ao longo dos séculos. Hoje, você carrega dentro de si a versão mais avançada do cérebro humano que já existiu.

Já parou para pensar no que isso significa? Você tem em mãos uma ferramenta capaz de transformar sua vida, mas o que tem feito com ela? Tem usado esse potencial para construir um futuro grandioso ou está desperdiçando sua capacidade com arrependimentos e dores do passado?

Cada minuto que você passa revivendo uma história antiga é um minuto a menos que poderia estar investindo em construir algo novo. Você está desperdiçando grandes oportunidades cada vez que escolhe olhar para trás em vez de seguir em frente.

O passado já se foi, mas o futuro está esperando. E a escolha de como usar esse incrível poder chamado mente é inteiramente sua.

Há algum tempo atrás, eu senti de fato o que significa estar preso ao passado. O excesso de lembranças, os arrependimentos, as dores antigas—tudo isso se acumulava na minha mente como uma tempestade incessante, uma enxurrada de pensamentos que eu não conseguia conter. Era como se minha cabeça estivesse congestionada, incapaz de processar qualquer ideia nova, qualquer esperança de futuro. Só existia o passado, rodando em um ciclo interminável, como um filme repetido que eu era forçado a assistir sem pausa.

A cada segundo, as imagens de momentos ruins voltavam, assombrando-me, desgastando-me, tirando toda a minha energia. Aos poucos, fui perdendo a vontade de viver. Não sentia mais alegria nas pequenas coisas, não via propósito em nada ao meu redor. Eu poderia até dizer que, naquela fase, perdi minha capacidade de pensar racionalmente. Minhas emoções estavam à flor da pele, e qualquer tentativa de enxergar o presente ou o futuro era abafada por uma névoa densa de memórias dolorosas.

A neurociência nos ensina que nossos pensamentos moldam nossa química corporal.

Tudo o que sentimos—alegria, tristeza, ansiedade, motivação—é resultado direto dos hormônios liberados pelo nosso cérebro.

Você sabia que o simples ato de pensar pode alterar sua fisiologia? Se você se prende a pensamentos negativos, sua mente responde liberando substâncias que amplificam a tristeza, gerando um ciclo vicioso difícil de quebrar.

Agora, imagine isso acontecendo todos os dias. Imagine seu corpo sendo envenenado lentamente por sua própria mente, incapaz de escapar dessa armadilha. Foi exatamente assim que a depressão me dominou. Meus pensamentos me aprisionaram, meu próprio cérebro se tornou um campo de batalha onde eu estava sempre perdendo.

Mas algo mudou. Eu compreendi que o passado só tem poder sobre nós se permitirmos. Que as lembranças, por mais dolorosas que sejam, devem ser tratadas apenas como aprendizados, e não como correntes que nos impedem de avançar. Foi difícil, mas aprendi a ressignificar minhas experiências. E, acima de tudo, aprendi a não me definir pelos erros ou fracassos do passado.

Se você já se sentiu assim, quero que saiba: há um caminho de saída. O primeiro passo é entender que seu futuro não precisa ser uma repetição do seu passado.

Você tem o poder de escolher quais pensamentos alimentar. Você pode decidir não dar voz às lembranças que te puxam para trás.

Use suas experiências apenas como referência, como um mapa que mostra onde você já esteve—mas nunca como um roteiro imutável para onde você vai. Se for errar, que sejam erros novos. Mas nunca os mesmos erros de sempre.

Os Gurus atuais

Nos dias de hoje, em pleno ano de 2025, somos constantemente bombardeados por promessas irresistíveis. Basta abrir as redes sociais para sermos atingidos por um mar de propagandas que garantem ter o segredo definitivo para alcançar o sucesso—seja qual for a sua definição de sucesso. Se você quer se tornar milionário, não se preocupe! Existem inúmeros "gurus" que afirmam ter descoberto o método infalível, aquele caminho mágico que vai te levar da estagnação financeira à riqueza absoluta em questão de meses, sem esforço, sem sacrifício. Afinal, como dizem por aí, "a riqueza deixa pistas", não é mesmo?

Agora se o seu sonho é comprar um imóvel, mas você não faz ideia de por onde começar, não precisa se preocupar! Uma rápida pesquisa na internet será suficiente para que surjam dezenas, talvez milhares de métodos "revolucionários" que prometem muito mais do que apenas te ensinar a adquirir um imóvel—eles garantem que você pode se tornar um investidor milionário sem sequer precisar investir nenhum centavo! Sim, você pode comprar e vender imóveis sem um centavo sequer e, em pouco tempo, estará nadando em dinheiro.

E se você deseja abrir uma loja e não sabe como vender? Prepare-se, pois a avalanche de conteúdo será avassaladora. Você encontrará incontáveis "mentores do sucesso" prometendo te ensinar a maneira mais eficaz de vender pela internet e enriquecer sem precisar sair de casa. Tudo o que você precisa, segundo eles, é de um celular, algumas horas do seu dia (ou nem isso!) e a fórmula secreta que só eles conhecem. Trabalhando confortavelmente da sua cama, você supostamente verá sua conta bancária explodir de dinheiro.

Mas não para por aí. Os métodos milagrosos são inúmeros, abrangendo áreas que vão muito além das expectativas.

Quer um exemplo? Escolha algo que você considera fora do comum, algo que parece totalmente improvável—como fazer uma viagem astral, ler mentes, hipnotizar pessoas à distância ou até mesmo se comunicar com seres extraterrestres. Parece absurdo e as vezes até pensamos ser uma piada, concorda? Talvez. Mas faça uma simples pesquisa na internet e verá que há cursos, e-books e mentorias "imperdíveis" que garantem que milhares de pessoas já dominaram essas habilidades extraordinárias.

O mais curioso é que esses métodos sempre vêm acompanhados de relatos emocionantes e depoimentos que parecem autênticos, mostrando indivíduos que passaram de "fracassados" a "vencedores" da noite para o dia. Mas aqui está a grande questão: se tudo fosse tão fácil assim, por que será que a maioria das pessoas ainda enfrenta dificuldades? Se realmente existisse uma fórmula mágica para a riqueza, o sucesso ou qualquer outra conquista, não seria lógico que todos já estivessem usufruindo dela?

A verdade, por mais dura que seja, é que o verdadeiro sucesso exige tempo, dedicação e, acima de tudo, persistência.

O mundo está repleto de atalhos ilusórios, mas aqueles que realmente conquistam algo grandioso são aqueles que entendem que não há recompensa sem esforço, não há vitória sem batalha, e não há crescimento sem aprendizado.

Agora, preciso te dizer algo importante. Prepare-se, porque o que vou compartilhar pode não ser o que você esperava ouvir. Mas é a verdade, e a verdade, muitas vezes, não é doce nem confortável, ela é dura e exige muita dedicação.

Não existe uma fórmula mágica para o sucesso. Não há um roteiro pronto, um manual infalível ou um atalho certeiro. A vida não é como uma receita de bolo, onde basta misturar os ingredientes certos na ordem exata para garantir um resultado perfeito. Se fosse assim, não haveria pessoas morando nas ruas, trabalhando em condições degradantes ou lutando contra a pobreza. Pelo contrário, viveríamos em um mundo onde todos seriam ricos, bem-sucedidos e plenamente felizes.

Então, por que isso não acontece? Porque a jornada para o sucesso não é um caminho reto e previsível. Cada pessoa tem sua própria estrada, cheia de desafios, tropeços e aprendizados únicos.

Talvez o que você busca alcançar exija uma mistura complexa de fatores, como competências adquiridas ao longo dos anos, muito estudo, um olhar apurado para oportunidades, incansáveis horas de dedicação, e—algo essencial—a capacidade de mostrar ao mundo o seu valor. E, claro, uma porção dobrada das bênçãos de Deus, pois sem Ele, qualquer esforço se torna vazio.

O grande problema da sociedade moderna é que fomos levados a acreditar que existe um único caminho para o sucesso. Fomos ensinados a buscar fórmulas prontas, a acreditar que, se apenas seguirmos um método específico, nossa vida mudará como num passe de mágica. Mas não é o que realmente acontece.

A realidade é dura: a cada dia, mais e mais pessoas estão adoecendo psicologicamente. A frustração as consome porque depositaram fé cega nesses métodos milagrosos, acreditando que os resultados viriam tão facilmente quanto prometido. Elas veem os mentores de sucesso ostentando riquezas, vendendo a ilusão de que qualquer um pode atingir o mesmo nível—e então investem tempo, dinheiro e, o mais perigoso de tudo, investem seu capital emocional.

Mas quando os resultados não aparecem como esperado, o que sobra é um sentimento esmagador de fracasso. Elas se sentem insuficientes, se questionam, se comparam. Pensam: "Se funcionou para tantos outros, por que não está funcionando para mim?" E, assim, caem em um ciclo de desânimo, frustração e baixa autoestima, afundando-se ainda mais na sensação de que nunca serão capazes de mudar sua realidade.

O problema não está em buscar crescimento, conhecimento ou evolução. O problema está na crença de que existe um único e fácil caminho para isso. O verdadeiro sucesso não vem de métodos milagrosos—vem de um processo árduo, de erros e acertos, de resiliência, de aprendizado contínuo e de fé no seu próprio potencial.

Acredito que certas condutas realmente podem nos aproximar dos resultados que desejamos. No entanto, não existe uma fórmula mágica, uma receita pronta que funcione para todos da mesma maneira. O que existe, na verdade, é um conjunto de escolhas e estratégias que precisam ser constantemente ajustadas de acordo com nossa realidade, nossos talentos e nosso propósito de vida.

O segredo não está em seguir um método engessado, mas sim em desenvolver um olhar atento para perceber quais competências precisamos adquirir para alcançar nossos objetivos. O conhecimento certo pode abrir portas, mas é a ação consistente que nos permite atravessá-las. Muitas vezes, não basta apenas ter talento—é preciso lapidá-lo, aprimorá-lo, e acima de tudo, saber comunicá-lo ao mundo.

Além disso, o meio onde estamos inseridos exerce uma influência poderosa sobre nossas conquistas. Com quem você está convivendo? Que tipo de ambiente você frequenta? As pessoas ao seu redor te incentivam ou te puxam para baixo? Essas perguntas são fundamentais, pois ninguém cresce em solo infértil. Se você deseja sucesso, precisa estar onde suas habilidades são reconhecidas e valorizadas, onde suas ideias encontram espaço para florescer e onde há oportunidades para mostrar o seu melhor.

O ambiente certo não apenas nos inspira, mas também nos conecta com pessoas que podem impulsionar nossa jornada. Cercar-se de indivíduos que acreditam no seu potencial, que enxergam valor no que você faz e que estão dispostos a investir em suas habilidades pode ser a diferença entre permanecer estagnado ou alcançar novos patamares.

Portanto, não busque atalhos ilusórios—busque aprendizado, evolução e conexões genuínas. Ajuste sua rota sempre que necessário e, principalmente, nunca se conforme em estar em um lugar que não reconhece seu valor.

Conclusão: O Poder da Escolha e a Jornada do Crescimento

Chegamos ao final desta caminhada juntos, mas a sua jornada está apenas começando. Se há algo que desejo que você leve deste livro, é a certeza de que você é o protagonista da sua história. Cada escolha que faz, cada pensamento que cultiva e cada ação que executa moldam o seu destino.

O passado pode ter lhe trazido dores, desafios e frustrações, mas ele não define quem você é, apenas lhe oferece aprendizados. O erro não deve ser visto como um fardo, mas como um professor valioso que aponta os ajustes necessários para seu crescimento.

A vida não é sobre evitar quedas, mas sim sobre aprender a se levantar com mais força e sabedoria a cada tropeço.

E quando o medo do desconhecido bater à porta, lembre-se: a transformação acontece fora da zona de conforto. Não se paralise pela dúvida, não se prenda ao passado e não aceite menos do que você é capaz de ser. Você tem dentro de si todas as ferramentas para construir a vida que deseja, basta decidir usá-las.

Agora, o próximo passo é seu. Você pode fechar este livro e continuar vivendo como sempre viveu, ou pode agir. Pode começar a colocar em prática tudo o que aprendeu, pode mudar padrões, ajustar seu caminho e buscar novos resultados.

Seja qual for sua escolha, saiba que o seu futuro está em suas mãos. O maior presente que a vida lhe deu foi o poder de decidir, dia após dia, quem você quer se tornar.

Então, escolha crescer. Escolha evoluir. Escolha viver a sua melhor versão. O mundo está esperando por você.

Dedicatória e Agradecimentos

Este livro é um testemunho de uma jornada marcada por dor, transformação e renascimento. Escrito com a alma, cada palavra aqui presente reflete não apenas os desafios enfrentados, mas também a força que encontrei dentro de mim e, principalmente, no amor daqueles que estiveram ao meu lado. Em meio às tempestades da vida, quando tudo parecia desmoronar, encontrei mãos estendidas, corações abertos e palavras de esperança que me guiaram de volta à luz.

Agradeço primeiramente a Deus, cuja graça infinita me sustentou nos momentos mais sombrios. Seu amor incondicional me envolveu quando minhas forças falharam, quando duvidei de mim mesmo e quando não enxergava saída. Foi em Sua presença que encontrei consolo, foi em Sua palavra que me apoiei para seguir em frente.

À minha mãe, que foi minha fortaleza quando tudo parecia ruir. Seu apoio inabalável, sua paciência e suas palavras de amor foram como um farol em meio à escuridão. Nos dias em que pensei em desistir, foi ela quem me lembrou da minha própria força. Mãe, sua fé em mim foi o alicerce que me manteve de pé.

Ao meu filho, que sem saber, foi um dos meus maiores motivos para continuar. Sua presença me lembrou do verdadeiro significado do amor, da esperança e da importância de seguir em frente, mesmo quando a caminhada se torna árdua. Ver seu sorriso, sentir seu abraço e ouvir suas palavras de incentivo foram o combustível que me impulsionou a buscar a minha melhor versão.

À minha irmã, que compartilhou comigo não apenas laços de sangue, mas também lágrimas, risos e momentos de profunda compreensão. Seu apoio silencioso, sua paciência e sua capacidade de simplesmente estar presente fizeram toda a diferença. Aos meus amigos, que foram família quando precisei.

Cada palavra de conforto, cada gesto de empatia, cada momento de companhia trouxe um pouco de luz em dias nublados. A amizade verdadeira se revela nos momentos mais difíceis, e eu tive o privilégio de contar com pessoas extraordinárias ao meu lado.

Este livro é um tributo a todos aqueles que, com amor e generosidade, me ajudaram a me reconstruir. Que ele possa ser, para quem o lê, uma fonte de inspiração e esperança, assim como eu encontrei força através das pessoas incríveis que Deus colocou em meu caminho.

www.ingramcontent.com/pod-product-compliance
Lightning Source LLC
LaVergne TN
LVHW091551170726
843492LV00007B/2130